JN071777

バックストン
著作集

Barclay Fowell Buxton

別巻
かすかな細い御声

いのちのことば社

刊行のことば

日本の初期プロテスタンティズムを形成した横浜バンド、熊本バンド、札幌バンドに遅れること三十年、B・F・バックストンらにより松江を中心に展開された伝道活動の一隊は松江バンドと呼ばれています。その信仰の流れは日本の諸教会、とりわけ福音派諸教会に大きな影響を与え、今日に至っています。なぜ今日まで教派を超えてバックストンが多くのキリスト者を惹きつけてやまないのでしょうか。その理由を二つ求めることができるでしょう。一つは、彼の高尚な人格と生涯、もう一つは彼の語ったメッセージです。

バックストンの著書は、その著された時代から見て三つに大別されるでしょう。

第一の著作群は、「赤山時代」のものです。バックストンが一八九〇年（明治二十三年）来日後、「松江バンド」の形成期に、「赤山塾」での聖書研究や修養会で、働きを共にする教職者たちに語ったものが書物となりました。『赤山講話』、『ヨハネ伝講義（ヨハネ福音書講義）』、『レビ記講義』、『創造と堕落』の一群で、弟子のひとり堀内文一により忠実に筆記されています。

第二の著作群は、「神戸時代」のものです。神戸を中心にバックストン、ウィルクスらが直々に起こした「日本伝道隊」の働きが拡大した時期のものです。日本伝道隊の聖書学校は一九〇七年（明治四十年）、神戸の平野に竹田俊造を校長に設立されました。一九一三年（大正二年）十一月から四年間、バックストンも神戸に定住し、教壇に立ちました。そこで講じられた聖書講義や説教の一群が、『使徒行伝講義』、『詩篇の霊的思想』、『ルツ記霊的講解』、『雅歌霊的講解』、『ヨナ書霊的講解』、『リバイバルの要件（リバイバルの条件）』などです。これらの説教や聖書講義は主として、当時、バックストンの秘書であった米田豊が筆記しました。

第三の著作群は、英国における日本伝道隊のスウォニック聖会での説教と、一九三七年（昭和十二年）、最後の来日時の説教をまとめたものです。『雪のごとく白く（雪のように白く）』、『基督の形成るまで（キリストの形なるまで）』、『恩寵の成長』、『砂漠の大河』、『エホバの栄光（主の栄光）』、『神の奥義なるキリスト』、『聖潔られたる者の行歩（潔められた者の歩み）』、『神と偕なる行歩（神と共なる歩み）』やその他の小冊子です。この一群は、バックストン最後の来日時の通訳者小島伊助により翻訳、編纂されました。さらに、「活水の群」の機関誌「活水」にその時期の多くの説教が掲載されました。

こうしたバックストンの著作は、戦前は基督教書類会社（ジョージ・ブレスウェート責任）、戦後はバックストン記念霊交会（書籍部責任落田健二）、また後者から版権を譲渡された関西聖書神学校から出版されてきました。しかしながら、今日、それらの多くが絶版となり、再版が求められてきました。バックストンが来日して百二十五年を迎えるこの年、私たちはその要望に答えるために『バックストン著作集』を刊行し、その豊かな霊の恵みが諸教会にくまなく及ぶようにとの願いを抱くに至りました。

私たちは、バックストン著作集刊行・編集にあたり、次代を担うキリスト者にも広く読まれるように、ハンディな版型で出版する計画を立てました。底本として戦後のバックストン記念霊交会のものを用いましたが、バックストンが用いた独特の古い日本語は原文を可能な限り生かしつつ、読みやすい現代文にし、原則として新漢字、現代仮名遣いに書き改めました。聖化に関する漢字表記は一部統一しましたが、用語はできる限り原文のままにしました。また、今日的視点から問題視される差別表現、不快表現は削除し、一部の書籍は出版を見合わせました。加えて、今まで未出版の英国ケズィック聖会におけるバックストンの説教を翻訳し、このたびの著作集に加えることにしました。

私たちの願いは、本著作集によって全幅的な福音の恵みが日本の諸教会に及ぶことです。この著作集の読者が、贖罪の恵みを徹底して理解し、聖霊による豊かで輝く信仰生活に導かれ、キリストの証人となり、キリストのからだなる教会を建て上げ、日本の宣教の働きに貢献する者になることです。そして福音宣教の最終的目的とその宣教方法がさらに純化されることにあります。どうか主が、本著作集を用い、日本に霊的復興をもたらしてくださるようにと祈りつつ、刊行のことばといたします。

二〇一五年十月

『バックストン著作集』刊行委員会
同編集委員会

目次

かすかな細い御声

飯塚俊雄 訳

一　かすかな細い御声

聖書朗読　列王記第一、一九章

かすかな細い御声こそ、私たちがぜひともお聴きしたいものです。「わたしの羊はわたしの声に聞き従います」と主は言われます（ヨハネ一〇・一六参照）。私たちは神の民なのですから、主の御声を聞きたいと思うのは当然です。神様の御声に耳を澄ませましょう。しばらくこの世の手を休め、静かに神様の御前に座り、神様が私たちにおっしゃることに耳を傾けようではありませんか。神様は今ここで、私たち一人ひとりに語りかけたいと願っておられます。本気で主の御声を聞こうではありませんか。

1　御使いが触れる

この物語の初めに、エリヤについて「一人の御使いが彼に触れ」た、と言われています（五節）。御使いが触れるということ自体、素晴らしいことです。エリヤ自身は恐れに打ちのめされ、今にも憂うつな予感、そして疑いと恐怖に押しつぶされそうでした。これまでは毅然と立ち、神様のために勇敢だった彼ですが、押し寄せてくる不信仰と恐れに所をゆずってしまいました。けれども、エニシダの木の下で横になって眠っていたとき、一人の御使いがやって来て、彼に触れたのです。疑いもなく、御使いは思いやりをもって彼に触れ、愛をもって触れました。そしてエリヤは、自分が触ってもらったことを感じ、本当の助けの手が自分に触れたと思いました。目を覚ますと、目の前に、すぐにでも欲しかった焼いたパン菓子と水の入った壺が置いてあるではありませんか。エリヤは差し迫った必要について思い煩っていたかもしれません。ところが、目を開けたときに、そこにすでに用意されていたのです。それは非常にありがたいことでした。本当に素晴らしいことでした。御使いがやって来て、エリヤの傷ついた魂に触れたのです。そして思いやりと愛、さらに天からの助けを感じられることは、なんと素晴らしいことでしょうか。

ここにおられる皆さんも今までに、このような経験をしたことがあるのではないでしょうか。私たちの心が傷ついたとき、また不信仰になびき、疑いや恐れに侵されたときなどがなかったでしょうか。恐れに捕らえられてしまったときがあったのではないでしょうか。主にあって堅く立つことをせず、主の大能の力に堅く立つこともしないで、毅然と立ち続けるべき場所から逃げてしまうことがあったのではないでしょうか。そのようなとき、神様は私たちを愛し、御自ら来て、思いやりと愛、助けの御手をもって、私たちの必要に応えてくださいます。

神様はご自身のしもべをじっと見守り、お世話をなさいました。神様はエリヤが何を必要としているかをご存じでした。そして彼の当面の必要を満たされました。ところが、神様はそれ以上の素晴らしいことをなさいました。御使いが触れること、それも大きな祝福でしたが、山の上で神様のかすかな細い御声を聞かせていただけることは、さらに素晴らしいことでした。神様はただただ彼を導いて、なんとか山頂での経験にまで連れて行きたいと願われました。

もしや、皆さんの中で、御使いによって触れられることを、神様のかすかな細い御声と取り違えている方はいないでしょうか。私たちは御使いによって触れていただきました。しかし神様は私たちをそこで安心させません。ホレブの山の上まで行けるように私たちを力づけ、神様ご自身と会い、ご自分の御声を聞いてほしいと願っておられるのです。どうかこの水準以下で私たちが腰を下ろしたりしないようにしましょう。神様はその途上で私たちに祝福を与え、その途上で励ましを与え、その途上で助けを与えてくださいます。けれども神様はいつも私たちがご自分と向き合い、かすかな細い御声を確かに聞くために、できるだけ早くご自身のもとに来てほしいと望んでおられるのです。

2　もう一度触れ、持続する力を与える

御使いはここでエリヤにもう一度、触れます。「『起きて食べなさい。旅の道のりはまだ長いのだから』と言った。彼は起きて食べ、そして飲んだ。そしてこの食べ物に力を得て、四十日四十夜歩いて、神の山ホレブに着いた」（七～八節）。

神様を求めるには力を要します。エリヤは、モーセがかつて立った場所に行きたいと切望していました。モーセが神様と交わりをもち、神様の御声を聞いたその場所です。エリヤは、モーセが何に喜んだのかがわかっていましたし、主に「あなたの栄光を私に見せてください」と祈ったこと（出エジプト三三・一八）を知っていました。主はかつてモーセのそばを通り過ぎ、ご自分の栄光の一端を見るように導かれました。主はモーセに語りかけ、偉大にして力に満ちた御業をお示しになりました（エレミヤ三二・三参照）。

エリヤも神様との交わりを切に求めたことは疑いの余地がありません。モーセがそうであったように民を神様に導けるように、民の魂が満たされるように、そして神様に喜んでいただけるように、神様との交わりを求めたのです。

3　探りを入れる神の問いかけ

エリヤは立ち上がって、神の山ホレブに行きました。すると神様の言葉が彼に臨みました。「エリヤよ、ここで何をしているのか」（九節）と。

神様は私たち一人ひとりに同じ質問をされます。私たちは本当に義に飢え渇いているでしょうか。神様のために事を行うことができる姿に自分自身がなることに飢え渇きを覚えているでしょうか。神様がおできになる姿に自分自身が造り変えられることに飢え渇きを覚えているでしょうか。あらゆる良い業に霊的な実りが与えられることに、そして、神様を知る知識がさらに増し加えられることに飢え渇いているでしょうか。私たちは、聖霊を与えてくださる神様の約束を、それも神様の御心にかなったペンテコステの力によって自分に成就していただきたいという強い願いをもって、ここにいるでしょうか。

「エリヤよ、ここで何をしているのか。」この言葉で今、皆さんの心を探っていただいてください。神様がこの言葉をもって皆さんの心に語りかけてくださいますように。悔い改めるべきものがあるならば頭を垂れ、今、砕かれ悔いた心で主の御前に出てください。「私は神様に対してあるべき姿になりたいのです。義に対して飢え渇いています。どうか聖霊によるバプテスマを与えてください」と心から申し上げてください。神様の御前に砕かれた心で身を屈め、ありのままを申し上げてください。

主はエリヤに答えられました。「外に出て、山の上で主の前に立て」（一一節）。神様の視点で物が見える場所、あの山の上に立ち、神様のご臨在とその御座の前で、光に照らされて、自分の人生を判断してください。自分の業を判断してください。山の上で主の御前に立ってください。主の御前に立ってください。

私たちは神の民と会うためにここに来たのではありません。主にお会いするためにここへ来たのです。私たちは今、山の上で主の御前に立っています。主のお取り扱いに自分をゆだねましょう。主の語られる言葉にしっかり耳を傾け、お従いしましょう。それは孤独の道かもしれませんが、そこで主の御前に立ちましょう。そして、その場に私たちが立つならば、主はそばを通り過ぎてくださいます（一一節）。かつて、モーセがその場に立っていたときに、主はそばを通り過ぎ、ご自身の御名の権威を宣言されました（出エジプト三四・二～六）。私たちが主を求めるなら、主は私たちのそばを通り過ぎてくださいます。そのとき信仰の目は主の御姿を見、信仰の耳は主の御声を聞くのです。私はそのことを信じて疑いません。

4　神は語られる

主は通り過ぎられました。そのとき激しい大風が起きました。しかし風の中に主はおられませんでした。地震が起きました。しかし地震の中にも主はおられませんでした。その後に火がありましたが、主は火の中にもおられませんでした。ところが火の後に、かすかな細い声がありました。それが主の御声でした。主はこの御声にエリヤを導きたいと思っておられたのです。もしエリヤがこの御声を聞かなかったとしたら、それ以外のあらゆることは無益であり、無意味だったでしょう。しかし、エリヤはこのかすかな細い御声を聞いたのです。そしてそれを聞くとすぐに、外套で顔を覆いました。神様の御前に立った彼は、セラフィムのように自分の顔を覆わずにはいられなかったのです（イザヤ六・二参照）。エリヤは神様が通り過ぎられるのを知って、自分の顔を覆わずにはいられませんでした。自分が神様を見上げる価値などない者であると知っていたからです。ペテロは予想外の大漁を目の前にして、主イエスが神の御子であると気づいたときに、ひれ伏して、「主よ、私から離れてください、私は罪深い人間ですから」と叫ばずにはいられませんでした（ルカ五・八）。それと同じように、エリヤは深いへりくだりの心をもって自分の顔を外套で覆いました。自分がいかに価値のない者であるか、いかに欠けの多い者であるか、失敗だらけの者であるか、熟知していたのです。彼は外套で自分の顔を覆い、外に出て、洞穴の入り口のところに立ちました。

エリヤは神様に近づきました。深いへりくだりの心をもってです。神様に近づかずにいられなかったのです。彼は出て行って、主の御前に立ちました。主のご命令であれば、直ちに、期待をもって、お従いする決意でした。すると、神様は語られました。エリヤはかすかな細い御声を聞きました。主は友が友に語るように（出エジプト三三・一一）語られたのです。主は明確な指示をお与えになりました。エリヤは確かに神様の御声を聞き、神様の御心を知りました。

神様は私たちの心を探り、私たちに語りかけやすいように、私たちを低くされます。主が皆さんを備えられるなら、それにぜひ従ってください。御前にへりくだってください。そして、心砕かれ、悔い改める心でさらに近づいてください。そうすれば、かすかな細い御声が必ず聞こえてきます。その御声が神様のみこころを私たちのうちに完成し、聖霊の満たしを私たちにもたらし、私たちがこれから進むべき道を明確に示してくれます。

二　神に誘われて

「それゆえ、見よ、わたしは彼女を誘い、
荒野に連れて行って
優しく彼女に語ろう。」（ホセア二・一四）

神様はその愛と言葉によって、ご自身のところへと、このように私たちを呼び寄せられます。叱りつけるのではなく、誘われるのです。咎（とが）めることはなさいません（ヤコブ一・五）。神様は誘い、引き寄せ、呼び寄せられます。エレミヤ書三一章三節にあるように、どんな人に対してもこうした扱い方をしてくださいます。私たちを愛するからこそ、ご自身に引き寄せてくださるのです。私たちが自分の過去を振り返るとき、それはおそらく茨（いばら）で垣根を巡らせるような人生だったことでしょう（ホセア二・六）。また、今まで神様を忘れてあらぬものを追い求めていたために、困難に陥ったり、試練にあったり、心配事に悩んだりしていたことでしょう。しかし神様は皆さんをご自身へと引き寄せてくださいました。神様は、皆さんが楽しみと満足を得ようとして行ったあれこれがすべて、いかに期待はずれのものであったかに気づいてほしいと思っておられます。

神様はこのことをご自身の御言葉、ご自身の恵み、また、ほかの人の証しによってなさいます。皆さんの魂に語りかけて、皆さんを引き寄せられます。夜の静寂の中で、御言葉を思い出させることもなさいます。神様はこのようにあらゆる手段を用いて、ご自身の愛を啓示し、ご自身との祝福された結びつきを深めようとして皆さんを誘っておられるのです。

迷い犬を見てください。飢えているでしょう。痩せていて、汚れているでしょう。なんとか手なずけようとして、呼んでみます。しかしその犬はどんな人をも怖がり、こそこそと逃げて行ってしまいます。それでも、なんとか自分の家に連れて来ることができたとします。美味しいものを食べさせ、休む場所を与え、優しくなでてやります。すると、犬はだんだんと自分の友だちだとわかって、喜ぶようになります。

おお、皆さん、私たちも、神様がなんとかご自身に引き寄せようとしておられるのに、その犬のように、このお方のことを怖がってはいないでしょうか。何か聞かれるのではないかと尻込みしてしまって、よそよそしくしたままで、自分をお任せしないのではないでしょうか。それでもなお、神様は私たちを愛し続けてくださいます。神様はそれでもなお、私たちを誘い、ご自身に引き寄せようとしておられます。なんとか私たちをご自身のものにしようと切望しておられます。なおも私たち一人ひとりに全き愛と全き恵みをもってご自身を啓示しようと切に望んでおられます。ですから、私たちが御前で静まったならば、神様は慰めに満ちた言葉で語りかけてくださいます。皆さん、この御言葉は私たちの状況にぴったりのものですし、このお約束は私たちの必要に全くかなうものです。

このような御言葉をもって、神様はこれまで皆さんに語ってこられたかもしれません。あるいは、自分の部屋で聖書を読んでいたときに、お語りになったかもしれません。あるいは、皆さんが主の御前にひざまずいたときに、御言葉を思い出させてくださったかもしれません。神様が皆さんの心に語りかけられると、皆さんは、ああこれは神様が語っておられるのだとわかり、神様の光、神様の力が自分の心に注がれるのを理解するのです。「わたしは彼女の心に語りかけます」（ホセア二・一四、七十訳）。神様は潔い「心」について語られたのかもしれません。聖霊が内に住んでくださることについてなのかもしれません。あるいは、聖霊による啓示の言葉についてなのかもしれません。神様が皆さんに語られるうちに、これこそ熱望していた御言葉だ、本当に自分が必要としていた御言葉だ、とわかります。きっと皆さんはひざまずいて、「この御言葉を私のものとさせてください。そしてこの約束を実現してください」と申し上げることでしょう。

そうするならば、私たちは「心」の中に潜む罪に気づくようになります。そして今に至るまで神様を自分から遠ざけてきたものが何であったかが示されます。それが、ここで言われている「アコルの谷を望みの門とする」(ホセア二・一五)の意味なのです。イスラエルの子らは勝利に次ぐ勝利でした(ヨシュア六章)。しかし、そんなとき、敗北を喫したのです。なぜなのか、その理由は全く不明でした。ヨシュアはなぜ敗けなければならなかったのかがわかりません。神の民は勝ち続けて前進するのが当然であると思っていました。また、それが神様の約束であると考えていました。しかし現実は無残な敗北でした。神様はその原因を探り出し、敗北を喫した原因が天幕の中に隠していた金ののべ棒とバビロン製の美しい外套(英欽定訳参照)であることを、ヨシュアと全部族に対して示されたのです。ヨシュアはそれを見つけ出し、主の前でそれを破棄しました。すると、彼らは勝利を継続することができたのです。こうして、アコル(わざわい)の谷が希望の門となりました。自分たちの罪を処理することで、一度は敗北した彼らは勝利を呼び戻したのです。敗北の原因が除去されました(同七章)。

神様は皆さんの心にお語りになりましたか。敗北の原因が天幕の中の地面の下に隠している金ののべ棒であり、バビロン製の美しい外套にあったことをお示しになりましたか。だれも見ていないし、それはたいしたことではないと思っていたのではないでしょうか。それがあれば、様々な喜びがあり、万事はうまくいくと思っていたのではないでしょうか。すべての戦利品は神様の前に持ち出すべきでした。しかしアカンはそれをしませんでした。神様のものを盗んでいたのです。神様が皆さんの心にお語りになるなら、金ののべ棒やバビロンの外套を差し出しなさい。神様との祝福された交わりを知りたいのなら、その御愛を味わいたいなら、神様の御前に持ち出してきて、破棄しなさい。そうすれば、神様は皆さんの「アコルの谷を望みの門と」してくださいます。今、主にすべてを明け渡すなら、皆さんの心の奥から希望が湧き上がってきます。「わたしは永遠に、あなたと契りを結ぶ」と主が言われるからです。一九節と二〇節の二つの節で、これを三度も繰り返しておられます。主は繰り返さずにいられないのです。そうしておられるのですから、今まで全く気づかなかった愛をもって神様が皆さんを愛しておられることに気づくべきです。

若い男女が出会います。そして、知り合ったことに喜びを感じます。やがて互いに魅(ひ)かれ合います。それから彼女は、彼が自分を愛していることに気づきます。すると、どうなるでしょうか。局面が一変します。

愛する皆さん、神様が皆さんを愛しておられることに気づいていましたか。主がこれからずっと、永遠にご自身のものにしたいと望んでおられることに気づいていましたか。「わたしは永遠に、あなたと契りを結ぶ」（ホセア二・一九）と主は言われます。自分自身を主のものとしていただきたいと思うなら、主に自分を全く明け渡しなさい。そうすれば、主もまたご自身のすべてを皆さんに下さり、祝福に満ちた相互明け渡しの交わりに入れてくださいます。ですから、主に信頼しなさい。主もまた皆さんを信頼し、幸いな相互信頼の交わりに入れてくださいます。これからは主のご保護のもと、主によって養われ、主の豊かな満たしを分かち合い、一切のものを主に備えていただき、主に守られ、主とともに歩むのです。これこそ主が皆さんをご自身のもとに誘われる目的です。

三　主と永遠の契りを結んで

「わたしは永遠に、あなたと契りを結ぶ。」（ホセア二・一九）

主は非常に人間味のある言葉で私たちに語りかけられます。このところで主は、私たちとご自身が一つにされることについて、人間としてこれ以上ない神聖で、幸いな経験を用いて述べておられます。愛に満ちた契りによって二人が互いに聖別されるように、私たちも主と結び合わされて一つとされるのです。主がこの言葉を通して、何を語っておられるのか、そのすべてをお尋ねしようではありませんか。

詩篇一八篇には、「わが力なる**主**よ。私はあなたを慕います。**主**はわが巌　わが砦　わが救い主　身を避けるわが岩　わが神。わが盾　わが救いの角　わがやぐら」（一～二節）とあります。ダビデはこの言葉を記しながら、主と契りを結ぶ経験がどんなに素晴らしいものであるかを語っているのです。彼は主を心から愛していました。自分が主のものであり、主も自分のものとなっていてくださると知っていました。そして主が私たちにとってもすべてのすべてのお方で、私たちに必要なものを何でも備えてくださり、どんなことでも心にかけていてくださる方であることを知ってほしいと願っています。

「わたしは永遠に、あなたと契りを結ぶ」（一九節）。主と一つにされるなら、私たちは本当に義なる人となることができます。また、純白の道を主と歩むことができますし、身につけているものも純白に保っていただけます。主は私たちを真のホーリネスのうちに保ってくださいます。

「恵みとあわれみをもって、あなたと契りを結ぶ」（同節）。私たちは、恵みとあわれみ、真実の愛、常に変わらない神様ご自身の愛のうちにおり続け、その愛のうちに歩み、その愛の燦々（さんさん）たる陽光を楽しむことができます。

「真実をもって、あなたと契りを結ぶ」（二〇節）。ということは、主が、私たちと共にいて、絶えず私たちに真実の限りを尽くしてくださるということです。それはずっと続きます。短い期間の交わりではありません。どんなときも主は私たちのためにすべての必要を満たしてくださいます。ですから、私たちは主と共に歩み、共に語り合うことができます。

主は「契り」という言葉を、私たちがご自身と結び合わされることとして用いておられます。ですから、この契りこそは、主ご自身が私たちを守り、私たちに真実を尽くすことの保証なのです。こうして、私たちは主との交わりを楽しむことができます。主は私たちを誘い、このことを私たちに親しく語られます。ほら、ここに主のお言葉として、はっきり書いてあるでしょう。私たちは主の迫りに何と答えるでしょうか。ある人は御言葉の解き明かしに、しばし心の安らぎを覚えるかもしれません。けれども、神様が求めておられることはさらに深いものです。私たちは神様の言葉を目の当たりにしました。御言葉を通して神様が私たちの心に語られるのを聞きました。さあ、今、このお方を私たちの主として、自分にとっての「私の夫」（一六節）として、自分自身の夫として受け入れるのです。私たちの心に過去の何かがひっかかって、それを妨げているでしょうか。もしそうなら、それを今、主の御前で打ち砕くための準備が私たちにはできています。「アコルの谷」が私たちにとっての「望みの門」となるかもしれません。

これは結婚式のようなものです。男性と女性が契りを結ぶために教会にやって来ました。牧師が正面に立っています。そして男性に尋ねます。「あなたはこの女性を妻に迎えますか。」　彼は答えます。「はい、迎えます。」　女性に対しても同じように尋ね、彼女も同じように答えます。この時から二人は一つに結ばれます。そして、夫と妻と呼ばれます。

　この夕べ、私は畏れをもって、主イエスを仰ぎ、お尋ねします。「主イエスよ、あなたはこの者と契りを結ばれますか。彼女は長年、あなたを忘れていたかもしれません。彼女の道は茨が張り巡らされていたかもしれません。彼女の喜びの歌は消え果て、彼女の関心は他のものに向いていたかもしれません。しかし主イエスよ、あなたはそれでも彼女をめとられますか。」「はい」と主は言われます。「わたしは心を尽くして彼女をめとることを願います。」そこで、私はあなたに向かって言います。「あなたは主をあなたの神として、あなたの『私の夫』として、今宵お迎えしますか。」もちろん、今宵ここにいる皆さんが全員、「主よ、喜んで私の心のすべてを献げて、あなたをお迎えします」と申し上げると私は信じています。そうです。主の「わたしはめとります」と、あなたの「私はお迎えします」。そして、あなたの誓約と主の誓約が一つとなります。こうしてあなたは主のものとなり、主もあなたのものとなります。そうです。「私の愛するお方は私のもの、そして私もあのお方のものです」（雅歌二・一六参照）と、はっきり言えます。私たちが歌ってきた次の賛美が今やあなたの経験になったとわかります。

永遠の愛で愛され
恵みに導かれて　さらに愛を知る
御霊よ　上から吹きかけられる息よ
あなたは私に　そうだ　と教えてくださいました
おお　そのとおりです
なんと満ち満ちた完全な平安でしょう！
おお　そのとおりです
神のすべてがもたらされるなんて！
途絶えることなき愛に結ばれて
私は主のもの　主は私のもの

主に近づきなさい。そして、皆さんが願っていることを何でも申し上げなさい。永遠の契りによって自分が主と結ばれている事実を、聖霊によっていよいよ確かなものとしてください、と祈り願いなさい。

四　良き地

「今、あなたとこの民はみな、立ってこのヨルダン川を渡り、わたしがイスラエルの子らに与えようとしている地に行け」（ヨシュア一・二）。

「あなたの神、主があなたを良い地に導き入れようとしておられるからである」（申命八・七）。

イスラエルの子らがエジプトの地から贖(あがな)い出され、約束の地に導き入れられた物語があります。これは一つのたとえでもあって、神様が私たちの魂を暗闇の力から救い出し、人格の成熟を経験させ、永続的な祝福へと導き入れてくださることを霊的に描いたものです。このエジプトは罪の奴隷の型です。そしてカナンは、神様がご自身の民にこの地上において与えると約束された、満ちあふれる祝福の型です。

それを説明する地図がここにあれば、と思います。エジプトは黒く塗られています。シナイと荒野は灰色に、そして約束の地は白く塗られています。イスラエルの人たちはこの三つの段階を旅したのです。そして、私たちクリスチャンもこの三つの段階を今、進んでいます。

私たちの魂のうちには、罪と世俗性と暗黒というエジプトがあります。このエジプトから救い出されると、荒野での生活に入ります。あるときは神様のために、あとは自分のために、という生活。あるときはこの世のために、あとは天国のためにという生活。つまり、あるときは霊的な生き方をし、あとは肉的な生き方をして日を過ごすのです。そして、カナンに代表される第三の段階、つまり、神の聖霊に満たされる生活があります。真に罪に死に、神様に生きる歩みです。単にいのちに生きるのではなく、あふれるいのちに生きるのです。神様が私たちと共に歩んでくださり、私たちに語りかけてくださり、乳と蜜の流れる地が私たちの現実となるのです。

クリスチャンの多くが白く塗られたこの約束の地にいるのではなく、灰色に塗られた段階にとどまっています。使徒パウロがコリントの教会に宛てた手紙で述べているように、霊的でなく肉的な人がなんと多くいることでしょう。ヘブル人への手紙でも彼は同様に指摘していますが〔訳注＝バックストンはヘブル人への手紙はパウロが書いたと考えている〕、これらのクリスチャンたちは、教師になっているはずなのに、今なおキリストにある乳飲み子のままなのです。まだキリストの内住を、聖霊の内住を経験していないのです。彼らは、今なお荒野にいるのです。もし今宵ここにそのような方がおいででしたら、神様はきっぱりヨルダンを渡河して、祝福にあふれ、聖霊によって生かされる生活へと進むように願っておられます。

なぜでしょうか。カナンは、罪を贖われた私たちに神様が与えてくださる素晴らしい祝福、すなわち、神の聖霊に満たされることの明確な型だからです。カナンこそは、平安と喜び、潔さとホーリネス、ご臨在がもたらす義と教えの型なのです。

1　すべての祝福は私たちのものです

それはすでに私たちのものです。クリスチャンならだれでもいただいているものです。「神はキリストにあって、天上にあるすべての霊的祝福をもって私たちを祝福してくださいました」（エペソ一・三）。すべての霊的祝福、すべての聖霊の祝福、すべての潔さと力と光、すべての喜びと真理は私たちのものです。そうです。キリスト・イエスにあって私たちのものなのです。カナンの地に入る前からすでにイスラエルのものであったように、これらの祝福はあなたのものであり、私のものなのです。神様は、再三、出エジプト記の三章から始まって彼らの旅の間、一貫して、その地はすでに彼らに与えたと言っておられました。事実、彼らのものです。ただし、彼らはそれを享受していません。カナン人やアマレク人その他の民族が享受していますが、イスラエル人はまだです。しかし、カナンの地は彼らのものなのです。

今宵、この栄光ある相続の地を自分のものにしようではありませんか。キリストに満たされること、聖霊に満たされることは私たちのものとなっています。主が私たちのためにカルバリで買い取ってくださいました。ですから、主イエスのものとなっている私たちには、すべての霊的な恵みが与えられています。私たちが切に求めてきた潔(きよ)い心は私たちのものです。平安も喜びもキリスト・イエスにあって私たちのものです。まずこの偉大な事実をしっかり心に刻みつけておかなければなりません。

2　それを私たちは長年期待していました

聖霊にあって生きることを、私たちは長年期待していたでしょう。また、長年切に求めていたでしょう。ヨハネの福音書一九章を読んで、その意味を知りたいと心から求めていました。ヨハネの福音書一五章を読んで、自分がキリストの内におり、キリストが自分の内にいてくださる交わりを求めていました。詩篇二三篇を読んで、緑の牧場といこいのみぎわに導いてくださる牧者としてこの方を知りたいと願ってきました。詩篇九一篇を読んで、いと高き方の隠れ場に宿らせていただきたいと切に求めていました。何度も何度も、これらのことを私たちは切に求めてこなかったでしょうか。きっと、切に求めてこられたことでしょう。

イスラエルの子らも私たちと同じでした。彼らは約束の地を切に求めてきました。キリストのために受ける辱めのほうがエジプトの宝よりもはるかにまさる富であるとモーセに言わせて（ヘブル一一・二六参照）、あれほど見事に彼自身を献げさせたほどの約束の地です。モーセはその地に身を乗り出さんばかりにして歩みました。その地は神様の約束だから、すでに自分たちの手中にあると信じていました。また、イスラエルの子らにしても同様でした。エジプトから救われるとすぐに、出エジプト記一五章にあるように、彼らは歌い始めました。

「主よ、あなたの民が通り過ぎるまで。
あなたが買い取られた民が通り過ぎるまで。
あなたは彼らを導き、
あなたのゆずりの山に植えられる。

主よ、御住まいのために、
あなたがお造りになった場所に。
主よ、あなたの御手が堅く立てた聖所に。
主はとこしえまでも統べ治められる。」（一六～一八節）

彼らは紅海〔訳注＝新改訳では「葦の海」〕を渡りきるや否や、自分たちの目をしっかり約束の地に据えました。その地を心待ちにし、切に求めたのです。私たちもそうではないでしょうか。すべての理解を超えた神様の平安を切に求めてきたのではないでしょうか。潔（きよ）い水を注いだ人たちに主が与えると約束された潔（きよ）い心（エゼキエル三六・二五～二六参照）を切に求めてきたのではないでしょうか。慰め主（ヨハネ一四・一六、英欽定訳参照）が自分のところに来てくださるのを切に切に求めてきたのではないでしょうか。

私たちは神様のお約束を知っています。そしてそれを体験したいと願ってきたのです。

3　それは証しされてきています

私たちはイスラエルの子らが聞いたように、他の人たちの証しを聞いてきました。十二人の斥候（せっこう）がその土地を探りに遣わされ、東西南北くまなく行き巡って探り、その地の果物を持ち帰って来ました。そして、「確かに私たちが遣わされて行った土地は素晴らしいのひとことです」と報告しました。まさしく神様が言われたとおりでした（民数一三章）。

同じように、私たちもその地を享受し、神様の祝福にあずかって、喜びにあふれている人たちの証しを聞いてきました。また、いにしえの聖徒たちがキリストの内におり、どのようにして神様と共に歩んだかについての証しを読んできました。神様はこれらを示して、私たちの信仰を励まし、私たちが見事にヨルダンを渡河できるようにと奮起させてくださるのです。

4　それは遠くからもはっきり見えました

モーセは神によってピスガの頂上に連れて行かれました。そこから約束の全地とその栄光を見ました。それと同じように、神様は約束の地を見せるために、私たちをピスガの山へしばしば連れ出されます。そして、神様が私たちに与えようとしている祝福を霊的な目で仰ぎ見せてくださいます。神様の約束がどれほど驚異的なものかということに私たちの目を開いてくださいます。キリストが皆さんをご自身のものとされるときに、何が自分のものとなり、自分がどんな人物に変えられるかを、皆さんは見てきました。皆さんは神様の約束を見てきました。そして、皆さんの心は義に飢え渇き始めたのです。

以上の四つのことはだれであれ、この祝福にあずかろうとするなら、そして、この約束が完全に自分の身に実現されたことを知ろうとするなら、必要なものです。これらの四点は私たちを励まして、前へと押しやります。そしてそのすべてを実際に手にするまでは休ませないでしょう。これらの励ましは主が私たちに送ってくださったものだからです。ですから心を尽くして求めてください。御言葉は私たちの上に必ず実現します。私たちの切なる求めは必ず満ち足りるようにしていただけます。平安が、そして聖霊の満たしによって与えられる喜びと力が、私たちのものとなるのです。

五　祝福に入るとはどういう意味か

「今日、あなたの神、**主**に報告いたします。私たちは**主**が私に与えると父祖たちに誓われた地に入りました」（申命二六・三）。

このイスラエルの民は自分が相続地に入ったと知っています。そして、そのことを神様に感謝したいと思っています。この相続地はエペソ人への手紙で述べられている天の所の型であり、ヘブル人への手紙四章で述べられている安息の型です。だれであれ、天の所に入って、そこにとどまる人は、次の五つのことを経験することになります。

1　天の所に入って、そこにとどまるとは、住むべき家を得たということです。荒野の生活はすでに終わりました。放浪の旅ももはや過去のものとなりました。神様はついに彼らをその家に携えて行ってくださいました。そこで安息を与えられて、その相続地を存分に楽しむのです。霊的に見ると、今日も同じことが言えます。全き救いとは、荒野から出て行って、霊的な安息と家に入ることを意味します。

ホーリネスは、もがき苦闘することではありません。もしそうだとしたら、私たちは聖書が与えてくれるものすべてをまだ手にしていないのです。聖書は安息と家を提供してくれます。そこには私たちのためにしっかりと責任を取ってくれる方がおられます。ホーリネスとは、荒野で生活することではありません。浮き沈みがあったり、罪を犯しては悔い改めたり、近づいて行ったかと思うと、また離れて行ったり、神様と共にあるときを喜んでいたと思ったら、暗闇の中に陥ったりするというような生活ではありません。ホーリネスとは、荒野に別れを告げ、家に行くこと、安息と平安に入ることです。「主権はその肩にある」(イザヤ九・六)と呼ばれる方が自分の代わりに責任を取ってくださると私たちは知っているのです。

2　第二に、死と復活を意味しています。このことはイスラエルの子らが約束の地に入る物語を見れば、はっきりわかります。神様はこの物語を死と復活の明確な型にしようとされました。ですから、ヨシュア記四章には、全部族の中から選ばれた各部族の代表一人、合わせて十二人が、ヨルダン川の川底から十二個の大きな石を取り上げ、彼らの最初の宿営地に運んだことが書かれています。ヨルダン川の真ん中の川底にあった十二個は約束の地、それもヨルダンの土手に据えられました。ヨルダンの川底の十二個は、十二部族が自分たちの過去の生活に死んだことを意味します。ヨルダンの土手に据えられたその十二個の石は、十二部族が新しいいのちに生き始めることを表しています。このように私たちも罪に対しては真に死んだ者であり、神様に対しては新しいいのちに生きる者であると認めるべきです。キリストの復活のいのちが私たちのうちに働き続けているのです（エペソ二・四〜六）。

３　第三に、敵が追放されたことを意味します。「生ける神があなたがたの中にいて、自分たちの前からカナン人……を必ず追い払われることを、あなたがたは……知るようになる」（ヨシュア三・一〇）。神様は、聖霊が内住するどんな人の魂からも悪魔の力を必ず追い払われます。なんと素晴らしいことではありませんか。

４　さらに素晴らしいことがあります。第四に、約束の地に入るとは、入って行って、すでに与えられているものを所有することを意味します。「見よ、あなたの神、**主**はこの地をあなたの手に渡してくださった。上れ。占領せよ」（申命一・二一）。カナン人は追放されます。そして神様はご自分の民にご自身の恵みと、ご自身の平安と、ご自身の喜びを与えてくださいます。ですから、私たちは心の底から神様の良いもので満ち足りるのです。こうして神の民は自分の領地を所有します（オバデヤ一七）。事実、「すべては、あなたがたのものです」（Ｉコリント三・二一）の御言葉を自分の体験とするのです。

５　第五ですが、約束の地に入るということは、入って行って、満ちあふれるほどの豊かさを手にするということです。約束の地は満ちあふれるほど豊かであると、神様がイスラエルの民に絶えず教えられたというのは素晴らしいことです。申命記八章はこのように描写しています。「あなたの神、主があなたを良い地に導き入れようとしておられるからである。そこは、谷間と山に湧き出る水の流れや、泉と深い淵のある地、小麦、大麦、ぶどう、いちじく、ざくろのある地、オリーブ油と蜜のある地である。そこは、あなたが不自由なくパンを食べ、何一つ足りないものがない地であり、そこの石は鉄で、その山々からは銅を掘り出すことのできる地である」（七〜九節）。神様はご自身の地を、満ちあふれるほど豊かなものとしてくださいます。私たちに必要なすべての恵み、いのち、力を与えることを、それも惜しみなく与えることを願っておられます。それゆえヨルダン川を思い切って渡り、この豊かな土地に入るように招いておられるのです。

私たちが主に全く信頼するならば、今、このような霊的祝福の数々をいただくのです。私たちがいつも求めながらもこれまで入手できなかった経験のことを言っているのではありません。これらは私たちが「所有すべき」ものです。そして今、私たちは確かにそれを「所有」しています。そして、それを所有していることを今、知っているのです。

自らの心の奥底まで探ってみましょう。この恵みをまだ経験していないのなら、もう一度主イエスのもとに行きなさい。主は、贖（あがな）われた人それぞれに、もうすでにこれを備えておられます。近づけばよいのです。入っていけばよいのです。そして主ご自身とその御言葉を信じて「所有」すればよいのです。

主ご自身が私たちのために「新しい生ける道」を備えていてくださいます（ヘブル一〇・二〇）。そこを通って聖所に入ることができます（同一九節）。ヨシュア記では、主の契約の箱が人々の二〇〇〇キュビト（約九〇〇メートル）前を進まなければなりませんでした（三・四）。そして先にヨルダン川に入り、そこに立ち止まります。そのようにしてイスラエルの民が通り過ぎる道をつくったわけです。この箱は主イエスを表します。主は私たちの進むべき道を先に歩んでくださいました。主はゲツセマネを通って、さばきの座に立ち、人々に嘲（あざけ）られ、拒絶され、悲しみの人として悩みを知り、そして死の道を進んでくださいました。主はあなたのため、そして私のためにこれらの行程をすべて歩んで、進むべき道を開いてくださいました。ただただ私たちがヨルダン川を渡り切るためです。流れは主の前で二つに分かれませんでした。詩篇六九篇には、主の祈られた祈りが出ています。「神よ 私をお救いください。水が喉にまで入って来ました。私は深い泥沼に沈み 足がかりもありません。私は大水の底に陥り 奔流が私を押し流しています」（一～二節）。

まことに、主にとってこのとおりでした。奔流が主を押し流し、主は大水の底に陥り、痛みと苦悩、罪の重圧、そして悪魔の大きな力がのしかかってきたのでした。それにもかかわらず、主はこの暗黒の難路を私たちの通るべき道を開くために進んで行かれました。そして主の民が、主の教会が、ヨルダンを越えて正々堂々新しい生ける道から約束の地へ、そうです、満ちあふれるところへ、祝福が豊かなところへ入る道を開いてくださいました。ですから今や、私たちは主イエスの血によって、何の憚（はばか）りもなく聖所に入ることができるのです。

さあ、今宵、純真な信仰で御前に近づきましょう。神様はおっしゃるとおりに私たちの魂を迎え入れてくださいます。自分を聖別することによってではなく――私の真意を曲げてとらないでください――一生懸命の信仰によってでもありません。主ご自身がすでに私たちのために道をつけてくださっているのです。私たちに近づいて、私たちの手を取って約束の地へ入れてくださるのです。苦悩の代わりに平安へ、荒野の代わりに主の住まいでの生活へ導いてくださるのです。そして、私たちは主にお従いし、主に何もかもおゆだねするようになります。自身であれこれ手を回し、全力を尽くして何とかしようとする必要はなくなります。慰め主なる御霊が内住するところには、喜びと平安が、そして天からもたらされる友情が満ちるのです。慰め主なるお方が来られたからです。

主イエスはすぐそこにおられます。満ちあふれる祝福もすぐそこにあります。主はすでにその道を用意してくださっています。すべての準備は完了しています。キリストにあってすべては私たちのものなのです。ですから、ヨルダンを渡り切ってください。

六　聖潔と力

「御霊に満たされなさい」(エペソ五・一八)。

これは、私たち一人ひとりに対する神様のご命令です。御霊に満たされるということは、受けるか受けないか、私たち自身が選べるようなものではありません。神様が与えてくださるこの特権は、享受するのも自由、しないのも自由といった類のものではないのです。神様のこの命令をいい加減に扱うなら、それは神様に対しての不従順となることを覚悟しなければなりません。聖霊に満たされることを経験しないクリスチャンはだれであれ、主に対して不忠実な者です。その人は神様の最高の恵みの贈り物に対し、怠慢の罪を負わなければなりません。その人は神様に対して不信仰であり、燃えて仕えることができるはずの主への奉仕を、生ぬるい心でも良しとしていることになります。

このことについて私たちはしっかりと自分の心を吟味し、神様の光の中で判断すべきです。見るところどこでも、聖霊の満たしをいただいている方がきわめて少数のように思われます。そのため、奉仕がまことに貧弱なものです。労しても労しても回心に導かれる魂が皆無か、ほとんどない状況です。祈りに喜びが見られず、応えをいただけるような力強い祈りがあまり見られません。また神様の言葉から直接的に神様の光をどれだけいただいているでしょうか。罪を犯している人たちの身を思い、どれだけ心を痛めているでしょうか。どの国あるいはどんな民族であれ、あらゆる神の民に対して、どれだけ本物の愛をもっているでしょうか。神様の聖なる御名は地上において汚されています。神の民がこれらのことについてあまりにも至らないからです。

私たちに関わる弱点や致命的な話はこれくらいで十分です。さあ、私たちは立ち上がって、ちり、ほこりを払い落としましょう。神様が私たちに与えようとしておられる最高の恵みの賜物、すなわちご自身の聖霊を心はずませていただこうではありませんか。これは神様のご命令ですから、必ずいただけます。

しかし、この恵みの賜物を求めるとき、しっかり心に留め、守らなければならない順序があります。神様の順序はまず潔さ、次に力です。エゼキエル書三六章二五節に、「わたしがきよい水をあなたがたの上に振りかけるそのとき、あなたがたはすべての汚れからきよくなる」とあり、また二七節には、「わたしの霊をあなたがたのうちに授ける」とあります。神様はこのように約束してくださっています。この順序を無視するなら、私たちは求めても、いただくことができないでしょう。ある人は力を求めます。いまだ潔(きよ)さを経験していませんし、経験したいとも思っていません。神様によって深く取り扱ってもらおうと願っていません。ただ素晴らしい働きをする人にしてくれる力が欲しいだけなのです。これでは、いただけるはずがありません。神様の順序はいつでも、まず潔(きよ)さ、それから力と決まっているからです。すべての罪から潔められてはじめて、聖霊は備えられた宮をご自身のものとしてくださるのです。

それでは、この潔(きよ)さの本質は何でしょうか。それは心のホーリネスです。古い心、その腐敗が取り除かれ、神様が新しく創造してくださった潔(きよ)い心を受け取ることです。それはただ罪を抑えつけることではありません。それだけなら、せいぜい人間的に良くできた人となる程度でしょう。そうではなく、罪の性質そのものが潔められることなのです。

ですから、神様を仰ぎ見、その御力をいただきたいのならば、罪になじんだ心そのものがとにかく取り扱われなければなりません。すべての罪を心の中と生活の中から投げ捨てる悔い改めが必要です。神様は私たちの内なる人に真理を求められます。隠れた思いや動機までもが神様の前で整えられることをお求めになります。神様は私たちの心にご自身の律法を置きたいと願っておられます。つまり、私たちの心の最も深いところにある傾向を、罪に向かうものではなく、本来そうであった、聖潔に向かうものにしたいと願っておられるのです。神様は、罪にのめり込もうとする不潔なものへの私たちの愛情を拭い去り、主を愛する潔(きよ)い心、主の道を喜ぶ心を与えてくださいます。皆さんは主に、そのような自分に造り変えてほしいと心底から願いますか。自分の心と生活のすべてを主の聖なるみこころにふさわしいものとしていただきたいと本心から願いますか。

もしそうなら、何が求められるのでしょうか。私たちはこの場で徹底して取り組む必要があります。答えを急いではなりません。まず、すべての偶像を取り除くことです。偶像とは、自分にとって価値があり、私たちが愛着をもっているものを言います。そうでなければ「偶像」になりません。主要な偶像である自我、多くの人の生活において神様のねたみを引き起こしているこの自我が捨て去られなければなりません。何であれ自分にとっての利益、名声、快楽に死ぬことです。私たちには本気でそれを実行する気があるでしょうか。

次に、心と思いの中の暗い、秘めたるあの部屋のすべてを探し尽くすことです。聖なる神様の前には忌むべきものが数多く残っている、私たちの心の部屋のことです。

あらゆる秘めたる願い事や、神様に対する不満やつぶやきのあれこれ、またいらだちなどをすべて主の前に明け渡して、神様の御前に魂を静めて、神様が願われたことや神様が選ばれたことならば、それが何であっても、いつでも受け入れる備えをすることです。

さらに、これから、その生活態度において、神様が第一となることです。小さなことや簡単な場所から始まって、人生万般、いつでも主の願われる生き方にしたがって歩むのです。皆さんはここまで神様にゆだねきる準備はできていますか。私たちがすべてを神様のみこころのままにゆだねるとき、神学的な課題も難なく解決してしまうのです。

罪を犯しているなら、それに終止符を打ちなさい。そうすれば、神様がその罪を終わらせてくださいます。悔い改めて、休耕地に鍬(すき)を入れなさい。茨(いばら)のはびこった心にホーリネスの種を蒔いても意味がありません。心の深みを神様の御前に整えていただく決断をしてごらんなさい。そうすれば私たちの思いはみな、神様に従うものとなります。

このような明け渡しの経験をすることに、何の差し障りがあるでしょうか。私たちが神様のお取り扱いに真に自分を明け渡し、神様の御腕の中で心から安息するまで、神様がみこころをなされることに対して、どれほどもがいて格闘することでしょうか。そのすぐあとに来る栄光がはっきりと見えておらず、神様が必ず与えてくださる測り知れない祝福の富を知らないでいるならば、自分に死ぬことは確かに難しいのです。この霊の格闘に負けてはなりません。どこまでも徹底して取り組みましょう。深く掘りなさい。そこで本当の悔い改めをするのです。そこであらゆる罪からの潔めに本気で取り組むのです。そして本当に死ぬのです。

そうすれば、神様はあなたのできないことをしてくださいます。神様は心の深みまで潔めてくださいます。神様は生まれつきの罪を、その腐敗と情欲もろともに取り去ってくださいます。神様は不義と不浄と不敬虔から、極みまで完全にあなたを救ってくださいます。そして潔い心と義しい霊をあなたに与えてくださいます。

神様は、確かにその御業がなされたという証しを与えてくださいます。「あなたの咎は取り除かれ、あなたの罪も赦された」（イザヤ六・七）。「わたしはあなたの咎を除いた。あなたに礼服を着せよう」（ゼカリヤ三・四）。神様は喜びをもって、あなたに宣言なさいます。神様の御業についてのこの証しは最高の助けとなります。自信と確信が与えられるからです。これらが与えられたとき、信仰は「神様が自分を潔めてくださった」という知識となります。この知識こそが魂の武具となります。自分が潔められたという自覚は、汚れに対する聖なる恐れを与え、私たちの信仰に戦いを挑むサタンに対して毅然と立ち向かう力となるからです。ですから、私たちはそれだけの心構えを求められています（Ｉペテロ四・一〜三）。「あなたがたも同じ心構えで自分自身を武装しなさい」――つまり、自分は罪とは明確に手を切った存在であるとの確信という「心構え」をもってです。「それは過ぎ去った時で十分です。」まさにそのとおりです。罪と過失と汚れにふけってきました。ですから、この決断をもって武装しなさい。十字架の力は、私たちの地上での残された時を、もはや人間の欲望にではなく、神様の御心に生きるようにするためのものです。そのように自分自身が罪に対してはすでに死んだ者であるとみなしなさい。この立場を受け入れて、それにどこまでも生きていくのです。私たちが神様に従い、信じていくなら、神様は祝福をもってそれを生きた事実とされます。そして、自分は事実、罪に対して死んだ者であると体験的にわかるようになるのです。

このようにして、十字架の力によって、私たちは罪に対して死ぬことができます。過去は御血潮のもとにあります。それは過ぎ去りました。新しいいのちは私たちのものです。イエスの復活のいのちさえも私たちのものです。このいのちによって、私たちはもはや自分のためには生きず、私たちの存在の深みからキリストのために生きることができるのです。そしてこのいのちによって、この世を、肉を、そして悪魔を足下に踏みつけて、勝ち得て余りある者として進むことができるのです。

ああ、このように罪から潔められるとはなんと幸いなことでしょうか。ああ、なんと祝福された解放でしょうか。そして、なんと祝福された、神様と人との交わりでしょうか。この恵みを体験した人がこれを人に語らずにいられましょうか。極限までの救いをなされた神様の栄光をほめたたえずにいられましょうか。神様は、悪の秘めたる根源にまで手を入れて癒してくださいました。主はご自身の潔（きよ）さを私たちに与えてくださったのですから、その御業を告げ知らせ、その素晴らしい業のすべてを語らずにはいられません。

私たちがこれらすべてを体験したとしても、まだ聖霊に満たされていないことがあります。汚れた霊は幸いにも駆逐されたでしょう。心は本当に「洗われて」潔（きよ）くなったでしょう。確かに、恵みに「飾られて」いるでしょう。それでも、聖霊ご自身の御住まいとなっていないかもしれません。エゼキエル書三六章二五～二六節には、今述べているような事例が出ています。「わたしがきよい水をあなたがたの上に振りかけるそのとき、あなたがたはすべての汚れからきよくなる。わたしはすべての偶像の汚れからあなたがたをきよめ、あなたがたに新しい心を与え、あなたがたのうちに新しい霊を与える。わたしはあなたがたのからだから石の心を取り除き、あなたがたに肉の心を与える。」 しかし、その次の節には、さらに奥行きと深みのある御言葉が記されています。すべての汚れとすべての偶像から潔められ、新しい心が与えられた後、神様は「わたしの霊をあなたがたのうちに授ける」と約束しておられます。これが人格的なご内住と言われるものです。罪からの潔めは、いわば消極的な面です。ここに積極的な面が示されています。聖霊なる神様がご自身のために備えられた神殿に親しく住まいを定められるのです。

どうぞ、神様の満ち満ちたものに満たされるまで行ってください。神様がすべての罪から潔めてくださったら、皆さんの心に主のご臨在がここまで現されるように求めなさい。そうすれば、そこに主が来て、そこに住み、すべてを支配しておられると自覚できるようになります。主のご臨在は神様の最深の交わりに引き入れてくれます。そして、絶えず光の中を歩ませてくれます。主のご臨在は、喜びと平和と柔和をもたらします。主のご臨在は、私たちに奉仕への力を与えます。この力によって、私たちは、他者を認罪の思いへと導き、主イエスのみもとに導くことができる者になるのです。

七　赦罪、そして圧倒的な祝福

「わたしは潤いのない地に水を注ぎ、乾いたところに豊かな流れを注ぎ……」(イザヤ四四・三)。

この御言葉は渇いている人たちへの約束です。つまり、本気で神様の恵みを求めている人たち、全力を傾けて主を求めている人たちへの約束です。そのような人たちに神様はあふれる恵みを注ぎ、満ち足らせ、潔め、力づけてくださいます。

ガリポリに住んだことのある人が、その地の灼熱(しゃくねつ)の砂原で水がなくなって、恐ろしいまでの渇きを経験したことを語ってくれました。そのような地で新鮮な水が豊かに供給されたとしたら、その人たちにとってどんなに素晴らしい祝福ではないでしょうか。渇きに対して、欠乏と苦しみに対して、次々に襲いかかる病に対して、あふれ流れる水、満ち足らせ、潔め、力づける水、水。

これこそ、神様がここで私たちに備えてくださる御業です。神様は、この世の荒野に生きている者たちに、存分に渇きを癒し、必要を満たし、罪から救い、信じて心を喜びと平安にあふれさせる水を与えてくださいます。霊的な力と祝福を与えるいのちの水を備えてくださるのです。

だれに対して神様は語りかけておられるのでしょうか。神様の語りかけはイザヤ書四三章の最後で終わってはいません。四三章一四節から四四章六節までが一つのまとまりとなっています。四三章二二節から二四節は、神様がどのような人たちに恵みを与えておられるかを語っています。主は、この約束を受け取ることに失敗した人たちに、この恵みを妨げた人たちに、主に対して真実でなかった人たちに、自分の心を頑なにした人たちに、この約束を与えてくださるのです。おお、なんと素晴らしい恵みでしょうか。なんと素晴らしい愛でしょうか。なんと忍耐深い、なんと耐えに耐えてくださる神様でしょうか。神様は、私たちのような失敗した者たちにこの約束を与えてくださるのです。

二二節で、神様が言っておられることをお聞きください。「しかし、ヤコブよ、あなたはわたしを呼び求めなかった。」第一に、彼らは祈ることをしませんでした。自分から祈ろうとしなかったのです。皆さん、いま自らの心を探ってみましょう。皆さんは自分に正直に向き合っていますか。父なる神様に近づこうとすれば、恵みの御座に来ることができたのではありませんか。しかし私たちは祈ろうとしなかったのではないでしょうか。朝の祈りを慌ててささげたのではないでしょうか。あまりに疲れて、夕べも祈らなかったのではないでしょうか。他のことに気持ちがいってしまって、祈りに時間を取らなかったのではないでしょうか。

神様はさらに深い罪を指摘なさいます。「あなたはわたしのことで疲れ果てた」（同節）。第二に、彼らは神様に対して疲れ果ててしまいました。ある父親に一人の娘がいました。彼が愛してやまないその娘は一緒に住んでいました。父親は心から彼女を愛していました。彼女の将来を考えながら、最高の祝福を与えたいと、愛の限りを尽くして彼女のための計画を立て、彼女の将来を考えながら、生きていました。ところが悲しいことに、彼女は父のことで疲れ果て、避けるようになりました。そして父親の心はずたずたに傷つけられてしまいました。私たちが神様に対して犯している罪はこのようなことではないでしょうか。愛なる神、忍耐される神、私たちのことを考え、私たちのためにご計画をおもちの神様に対して、疲れ果てているという態度をとっていないでしょうか。

第三に、神様をあがめようともしていません。「あなたはわたしに全焼のささげ物の羊を携えて来ることはなく、いけにえを献げてわたしをあがめようともしなかった」（二三節）。愛は、愛のしるしである自己否定の犠牲のささげ物がたとえわずかであっても嬉しいものです。「あなたは……いけにえを献げてわたしをあがめようともしなかった」とあります。私たちの生活は主を愛する愛を表しているでしょうか。私たちの生活は無私の姿を表しているでしょうか。私たちは、主の御愛、私たちのためになされた主の素晴らしい犠牲に対して心からの感謝を表しているでしょうか。それともこの民のように、犠牲を献げることをせず、主をあがめようともしないままでしょうか。

主への愛のゆえに、犠牲を献げる人たちがいます。その人たちは、午後の時間、自分のやりたいことをする代わりに、福音のメッセージを必要とする人たちのもとへ出かけたり、慰めを必要とする病める人を訪れたりします。主を愛すればこそ、そうするのです。彼らは犠牲を払っています。けれども、そうせずにいられないのです。そして、そうすることに喜びを感じているのです。それが主への犠牲です。私たちは犠牲を献げて主をあがめているでしょうか。

第四に、イスラエルの民は罪を重ねていました。「あなたの咎でわたしを煩わせただけだ」（二四節）とあります。神様は罪と咎を煩わしいと考えておられます。こんなにも満ち足りた完全な贖いがなされているのに、繰り返し誘惑に負け、罪に支配され続けている人がいます。神様はご自分の民について、これらの言葉をもって嘆いておられるのです。そして、そのうえで、二五節の素晴らしい約束を語られます。「わたし、このわたしは、わたし自身のためにあなたの背きの罪をぬぐい去り、もうあなたの罪を思い出さない。」

私たちはこの御言葉を、罪の赦しを求める人たちに向かって語ります。それは正しいことです。しかしこの御言葉は、まず主の民に、私たちに向かって書かれたものです。「わたし、このわたしは、あなたの背きの罪をぬぐい去る」と。私たちの不義をぬぐい去るというのです。私たちが神様を煩わしく思ってきたことをぬぐい去るというのです。私たちが自己犠牲を怠ってきたことをぬぐい去るというのです。神様を煩わせてきた私たちの罪すべてをぬぐい去るというのです。

なぜでしょうか。神様の恵み、神様の愛、神様の栄光の力があまりにも豊かだからです。「わたし、このわたしは、わたし自身のためにあなたの背きの罪をぬぐい去る。」

神ご自身が語られたこの御言葉をそのまま受け取ってください。この四つの訴えが自分に対するものであることに気がついたうえで、クリスチャンとしての生活において今まで犯してきた罪や、不始末を神様が文字どおりぬぐい去ってくださったと知ったなら、おそらく、いや、必ずや私たちの目に涙があふれるでしょう。あまりにも多くのクリスチャンがこの経験をしていません。ですから、罪が赦されたという確信もなく、安息と平安に入ることができないでいるのです。けれども、神様はこの偉大な約束を、今宵ここで与えておられます。「わたし、このわたしは、あなたの背きの罪をぬぐい去る」と。全き赦し、栄光あふれるぬぐい去りです！

そして、赦された人に神様は聖霊の約束を与えてくださいます。赦されたからこそ、私たちは満ち満ちた祝福を求めて、神様のみもとに近づきたいのです。あの放蕩息子のように、あるのは罪と罪責感だけ、手ぶらで帰って来た者です。しかし、とにもかくにも帰って来たのです。懐かしいわが家に戻って来たのです。そして、そこで待っていたのは祝宴でした。歓喜でした。子としての生活でした。父の顔を仰げることでした（ルカ一五・一一～三二）。

ここには三重の約束が記されています。

第一に、神様は言われます。「わたしは潤いのない地に水を注ぎ」（四四・三）、私たちのあらゆる必要に応える、と。神様は私たちを非常に奇しく造られました。私たちの本性には、自分でも決して理解できないほどの深みがあります。そうです。深遠な願望、偉大な霊的渇きです。この地上の何ものも私たちを満ち足らせることはできません。神様は天から真の満足と平安と歓喜をもたらすものを与えてくださいます。「わたしは潤いのない地に水を注ぐ」と。

これこそ、まことのいのちの水です。死んでいる魂にいのちを与えるのです。このいのちこそ復活のいのちです。これを受ける魂を豊かないのちであふれさせ、豊かな力と活力と強靭さにみなぎるものとします。これをいただけるのは真に渇いている人だけです。最善を求める人だけです。深い必要を覚えている人だけです。そういう人は単なる情緒的な経験や道徳的な変革では満足しません。もっと天的なもの、もっと実体のあるものでなければ納得しないのです。ですから、神様は約束されます。「わたしは潤いのない地に水を注ぐ」と。この約束が私たちの必要を満たします。私たちの魂は深い平安に満たされます。本物の安息が私たちに与えられます。

第二に、神様は言われます。「乾いたところに豊かな流れを注ぐ」と。これはリバイバルの祝福のことです。豊かな流れを注ぐと言われるのです。豊かな流れなど期待もされなかったところに、今まで神様の聖霊の御業などほとんど、いや全くなかったところに、乾ききった地、砂漠、荒地に豊かな流れが注がれるのです。神様は「乾いたところに豊かな流れを注ぐ」と言われます。

神様が渇いている一人の人に水を注がれるとき、その人は自分の周りの人たちにとって祝福の泉となります。その人から活ける水が流れ出し、乾いたところに豊かな流れが生み出されるからです。このことについては、この御言葉どおりのことを日本で次々と見てきました。そのことについて、いくらでもお話しすることができます。聖霊に満たされた一人の人の存在が、周囲の人たちにリバイバルの祝福をもたらすのです。神様はなんと豊かに与えてくださるお方でしょうか。ご自身の恵みの富を惜しみなく喜んで与えてくださるお方です。神様が語られた「豊かな流れ」という言葉をしっかり目に留めてください。神様は決してちょっとした恵みの雨くらいのことでは満足なさいません。だれもが満たされるようにと、喜んで与えてくださいます。「乾いたところに豊かな流れを注ぐ」と。「豊かな流れ」というお言葉をしっかりと握ってください。これが神様の標準です。お約束は、乾いたところに豊かな流れをもたらすというものです。

第三に、神様は言われます。「わたしの霊をあなたの子孫に、わたしの祝福をあなたの末裔に注ぐ」と。

つまり、これは子どもたちが祝福されるということです。若者たちが祝福へと進むのです。この約束を信じることに対して私たちは甚だ鈍いのではないでしょうか。けれども、これは確かに神様の栄光あふれる約束なのです。お父さん、お母さんがたよ。ご自分の子どもたちのためにこの約束をしっかり握ってください。神様のご目的は家族全体が祝福されることです。神様は両親を通して子どもたちを祝福されます。神様は私たちの家庭を、地上での小さな天国にしてくださるのです。

　悲しいことに、子どもたちを愛している私たち自身が彼らの妨げとなることがあります。約束の地に入ったイスラエルの民はみな、不信仰な両親の子たちでした。不信仰な両親たちの遺体は荒野に残されました。もし両親たちが信じていたなら、彼らの子どもたちはもっと早く約束の地に入ることができたでしょう。両親たちが神様の言葉を疑う者たちだったので、子どもたちは荒野の旅路の中で生まれたのです。彼らの両親たちはその地に入ることができませんでした。私たちはこの約束の言葉にしっかり立ちましょう。「わたしの霊をあなたの子孫に注ぐ」との御言葉です。

　ですから、私たちは今や来てくださる慰め主である聖霊の三重の約束を手にしています。そしてその結果は、四節の御言葉です。「彼らは流れのほとりの柳の木のように、青草の間に芽生える。」聖霊のゆえに、どこにあっても、美しい花を咲かせます。流れのほとりの柳の木のように、青草の間にあるものとして芽生え育つ、と神様は言われます。日本の山際に育つ百合のように、芽生え、育ちます。内にいのちがあるからです。私たちもそうです。内に聖霊がおられるとき、いかなる境遇にあったとしても、百合のいのちが美しく咲くのです。

「彼らは……青草の間に芽生える。」これはいのちと力を与える復活のことを語っているのです。皆さんはこれからどのような環境の中にお帰りになろうとも、恐れる必要はありません。彼らは青草の間に芽生え、野草の中にある百合が美しく咲くように咲き、柳のように力強く育つとあるからです。柳は水が流れる川辺にあるから強いのです。ご聖霊にあずかり、慰め主が内住されるならば、だれでもそのようになれます。そのような人は恵みから恵みへ、力から力へと成長し、さらに、さらに神様に用いられます。

当然、証しも与えられます。「私は主のものとなりました」と言う人もいれば、「自分はヤコブだ」と言う人もいるでしょう。また主の前に正式に署名して、ヤコブの名を冠する人もいるでしょう。「私は主のものです」と言う者は、大胆に自分の証しをし、大胆に自分がだれのものであるかを語り、潔め主である神様に栄光を帰します（五節）。

これを神様は求めておられます。神様は私たちに慰め主を迎えてほしいと望んでおられます。そして、この水の豊かな注ぎがどんなものであるかを知ってほしいと言われるのです。今、みもとに近づきましょう。みもとに行きましょう。慰め主を喜んでお迎えしましょう。

神様はこの祝福を、これまで失敗を重ねてきた人たちに用意しておられます。使徒の働き〔使徒行伝〕二章で聖霊によってバプテスマを授けられた人たちは、様々な失敗を重ねてきました。神様はその失敗を用いて、それを潔め、ご自分の栄光のために用いてくださいます。今、ここに、祈りの生活において証しすることで、自己犠牲においてて、神様との歩みの何らかのことにおいて、失敗してきた方がいるでしょうか。そのような方こそ、この約束をしっかりお聞きください。神様はそんなあなたに「わたしはあなたに聖霊を与えます」と言われるからです。心からへりくだり、頭を垂れて主の御前に出ましょう。神様はあなたのところに来てくださいます。あなたを祝福したいと願っておられます。さあ、お応えしましょう。「主よ、みこころのままに、この私になさってください」と申し上げましょう。主は必ず成し遂げてくださいます。そして、あなたの魂の中にご自身の栄光の道筋をつけてくださいます。

八　御父の約束

「見よ。わたしは、わたしの父が約束されたものをあなたがたに送ります。あなたがたは、いと高き所から力を着せられるまでは……とどまっていなさい」（ルカ二四・四九）。

この御言葉のように、神なる聖霊が内に啓示されることを、私たちはどのように求めたらよいのでしょうか。そのことを初期の弟子たちの経験に目を向けて教えていただきましょう。彼らはどのようにして聖霊を求めたでしょうか。どのような霊性で聖霊の来臨を待ち望んだでしょうか。

第一に、弟子たちは明らかに自分たちの過去について深い悔恨の思いをもっていました。それまで考えたこともなかったほど、今になって、キリストの栄光とその神性がはっきりとわかったのです。全世界に対するキリストの使命が神様からのものであることもわかってきました。主との三年間に及ぶ生活を考えるにつけても、自分たちの心が見えておらず、暗闇の中にあった事実と、あのとき、ああすればよかったのにできなかった、という思いに打ちのめされていました。主に対する自分たちの愛の冷たさと主の力に対する信頼の欠如をどれほど嘆き悲しんでいたことでしょうか。自分たちは主のなさることを制限し、自分たちに対して主が与えようとされる光と祝福をどんなに邪魔してきたかがわかってきたのです。もちろん、彼らは神様の前にも、お互いに対しても謙虚になり、自分たちの罪を告白しました。

これこそが聖霊の満たしを求める心の姿勢です。今までの自分の過去の不信仰を自覚してください。力に満ちた賜物が常時、自分のものであったはずなのに、不信仰のゆえにいまだに所有していなかったからです。自分の不信仰を告白し、それを悔い改めてください。私たちはいかに多くのものを失ってきたことでしょう。神様との交わり、神様を知る知識、私たちに直接与えようとしておられた光と啓示を手にしないできたのです。このことに気づいてください。これら多くの損失を心から悲しみ、神様がお与えになるものすべてをいただく覚悟を決めてください。自分の不信仰、偽善、そして失敗、さらに奉仕における無力さ、信仰の決心にまで魂を導けない霊的力の弱さ、熱くない祈り、世界と神様のことについてのビジョンをもつことができない鈍感さ、これまでの不純さと潔(きよ)くない姿と不従順と忘恩、十字架を避けようとして萎縮する自分、世への執着。これらのすべてを心底悲しんでください。そして、これらのことは、全くなくてもよかったものであったと認めてください。常に聖霊に満たされ、神様を喜ぶことができたはずですから、謙虚さと罪を悲しむ心を求めてください。

第二に、聖霊の賜物の重要性とその価値に気づくことができるように求めてくださ い。弟子たちにとっては聖霊を受けることがすべてのすべてでした。聖霊に来ていただかなければ、神様に対しても人に対しても彼らは無益な存在でした。そして、聖霊を受けることは私たちにとってもすべてのすべてです。聖霊に満たされていないなら、私たちがいかに無益なものであるかを自覚しましょう。そうはいっても、私たち自身にとって重要であるだけでなく、この賜物そのものに価値があることも知ってください。これは、神様が与えてくださる賜物で、天においても地においても、最高の価値があるものです。ですから、その価値を知らない人には、神様はお与えになりません。ほかのどんなものを手離してでもそれをいただこうと決意する人にお与えになります。

私たちはそのような決意に至ったでしょうか。この賜物にそこまで価値があると考えているでしょうか。そこまでの飢えと渇きがあるでしょうか。この賜物を本当にいただきたいなら、私たちはこの賜物に対して、そこまでの価値を認めなければなりません。

第三に、そうであるなら、求めてください。どこまでも神様と共に進もうと覚悟を決めるのです。自分の喜びのためにとか、あるいは奉仕の成功のために求めるというのなら、いただくことはできません。聖霊によってバプテスマを授けられるというのは、今までにまさって苦しみにあずかり、十字架を負いつつ、さらに深く主と一つとされることです。主が下さる喜びは十字架の喜びです。私たちがあずかる力は、主の御名と罪人たちの救霊のために受ける恥と非難を忍ぶためのものです。主のために静かに輝くためだけの力ではなく、果敢に切り込んで仕えるための力でもあります。御霊に満たされた人は永遠に生きます。けれども、救霊者であり、魂を救うことに専念できるのは、地上にあるときです。多くの人はこのことに尻込みしてしまいます。主の祭壇に完全に自分を献げてはいないからです。どこまでも神様と共に進む覚悟を決めてはいないのです。そういうわけで、神様を待ち望んでも、叫び求めても、何も得るところがありません。たじろぐ彼らを神様はお喜びになりません。このような人たちは手を空（から）にしたまま、立ち去らなければなりません。主のために対価を払おうとはせず、苦しみを受け入れようとしなかったからです。

ですから、皆さんはそうならないと決心してください。どれだけ犠牲を払うことがあっても、それを受け入れると決心してください。そうすれば聖霊は必ず皆さんに臨まれます。皆さんは力と栄光をもって満たされます。
この決意をもって求めてください。そうすれば必ずいただくことができます。切に求めてください。必ずいただくことができます。神様が何かをなさるのは、翌朝が来るようなものです。つまり、夜明けが必ずやって来るように、主を切に求める人に聖霊は必ず来てくださるということです。ですから、聖霊は必ず来てくださると確信して、求めてください。必ずおいでくださいます。神様が私たちの希望と祈りを掻き立てられるのは、高い理想を掲げさせるためだけではありません。聖霊をいただくためです。

弟子たちは約束のものを手にするまで求めました。サタンは必ずあれこれの妨害や不安、気紛れなどで邪魔したでしょう。あらゆる巧妙な手を使って誘惑し、一途な信仰と期待をなし崩しにしようとしたでしょう。しかしその手には乗りませんでした。ひたすら待ち望み、ついにいただいたのです。彼らはほかの仕事に心をもっていかれませんでした。待たされても失望しませんでした。ゴールを見定め、そこに焦点を絞りました。聖霊の「注ぎという栄冠」（レビ二一・一二、英欽定訳）という褒美をいただくためです。ですから、彼らは待ち望み、祈りに専念しました。それは言葉を飾るような、繰り返しばかりの薄っぺらな、聖霊を求める祈りではなかったでしょう。私たちはそのような表面的な祈りを耳にすることがよくあります。全く意味のない、何も生まれてこない祈りです。しかし、彼らの祈りは本気で格闘して、もだえ、涙をもって切願し、力でもって天国をつかみ取ろうとするものでした。自分を低くして、告白しました。神様はそれらを喜び、受け入れてくださいました。その熱烈さと聖なる激情はしっかりと神様をとらえるほど掻き立てられていました。大胆さと砕かれた心からの信頼は、あわれみを受ける権利をもたない乞う者が切に求める様ではなく、さながら自分の必要としているものをよく知っている買い手がそれを入手するために出て行く様でした。

こうした祈りを皆さんはこれまでに神様にささげたことがあるでしょうか。こうしたことで神様を試すような祈りをささげる人はきわめて稀です。皆さんの中で「私はこの祝福を求めてきましたが、いただくことができませんでした。だから、今はもうそれは私にとってどうでもよいことです」と言う方がどれくらいいるでしょうか。愛する兄弟姉妹よ。皆さんはこの祝福にふさわしい求め方をしてこなかったのです。満たされるまで神様に叫び続けるのだ、と備えてまで、もだえ、必死に求めることをしなかったのです。ですから神様が私たちを拒み、私たちが何も得ることがなかった理由がわかります。自分の弱さや汚れを感じていながらも、なお「奮い立って……すがる者もいません」（イザヤ六四・七、傍点筆者）と神様は不満を口にしておられます。だれが奮い立つのでしょうか。だれが祈り始めるのでしょうか。

求める人には、与えられます。聖霊は来てくださいます。かつて来られた方は、今も来てくださいます。来ていただくのであれば、どんなものでも手放しますと備えられた魂に、聖霊は来てくださいます。しかもその来臨は明確なものです。来てくださったかどうかわからないという曖昧なものではありません。聖霊は私たちの霊に、ご自身が来られたことを証してくださいます。さらに、主の臨在のしるしが必ず伴います。揺るがない平安と潔さ、主との交わりにおける聖なる喜びです。また、「私の愛する方は私のもの。私はあの方のもの」（雅歌二・一六）という確信です。

神様の前での恐れと畏敬の思いもあります。それゆえ、罪を犯すことを恐れるようになるのです。神様の宮は汚されてはならない、またわが内に啓示された神様の栄光が隠されてはならない、と恐れるのです。私の唯一の願いは、ようやく知るようになった神様の優しい御愛に応えて、この方をお喜ばせすることです。

聖霊をいただいた人たちは、今まで知らなかった祈りの喜びもわかるようになります。さらに、憚ることなく神様に近づくことができるので、祈りは、神様と一つにされ、深く交わる時となります。いつもだれかのためにとりなしの祈りをささげ、その祈りの実を手にします。また、絶えない祈りを通して、次から次へと様々な新しい約束をいただきます。そして、祈りによって、繰り返し聖霊に満たされるのです。それも、より一層深く満たされていくのです。

御言葉についても光を得ます。聖書そのものが彼らにとって新鮮なものとなります。神様は御言葉を通して語りかけ、ご自身の恵みの、これまで隠されていた底知れない深さと宝庫を開けて見せてくださいます。これこそあの最後の夜、主イエスが弟子たちに語りかけ、約束してくださったものの中でも、特別に成就したものの一つです。「真理の御霊が来ると、あなたがたをすべての真理に導いてくださいます」（ヨハネ一六・一三）。「御霊は……わたしのものを受けて、あなたがたに伝えてくださるのです」（同一四節）。「御霊は……これから起こることをあなたがたに伝えてくださいます」（同一三節）。だれであれ、慰め主である御霊が来られるなら、この経験をします。そういう人たちは主に教えられるので、だれか別の人に導かれる必要はありません。日々天から与えられるマナを集め、それを味わいます。朝ごとに主は、耳を開いて、その御言葉を聞かせてくださいます。さながら主の足もとに座す弟子たちのように。

また、神様のために語ることにおいても力が与えられます。その人たちが語る言葉は火のようになって、聞く者の心に火を燃えさせます。彼らが語るとき、御霊が力をもって働くからです。聴衆は自らの罪を自覚し、彼らを通して神様に立ち返ります。もはや自分は弱い者だ、無用の長物だ、などという思いはまったくありません。人々に罪を悟らせる力があります。キリストが罪人たちの前で高くあがめられ、このお方につくかつかないかの決断が迫られます。ただ真理が説教されるだけでなく、ずばり問題点を示すようにも語られます。罪人の心の真ん中に真理をもたらす力がそこにあるからです。

聖霊によるバプテスマはこれらを生み出します。少しの不自然さも不確かさもないものが生み出されます。ですから、ペンテコステの祝福を受けておられるかどうかは、すぐに判断できます。つまり、その人が新約の時代に生かされている者なのか、それともいまだに旧約の聖徒として生きているだけの者であるかがわかるのです。神様はこのことをご自身の御言葉の中で、走っていても読み、愚かな人でも神様のホーリネスの道を見誤ることがない、と明白に語っておられます(ハバクク二・二)。

これは皆さんへの約束です。皆さんに語っておられるお方を拒むことがないようにしてください。神様は私たちをみもとに来るように招いておられる、と私は信じています。この賜物を私たちが受けるためです。今、私がたいへん心配しているのは、ある程度求めたのに、何も得るところがなく座を立つ人がいることです。いろいろな教訓をいただき、新しい考え方を仕入れ、より広い知的視野を様々な分野でもったにもかかわらず、聖霊の御力というただ一つのものをいただくこともなく、帰路につくことが心配です。今日、お聞きになった霊的な教えによって、私たちは良くもなれば悪くもなります。聞いいたならば、大きな責任が生まれるのです。どうか、すべての方が聖霊に満たされるまで求めに求めていただきたい。すべての方が霊的視力をいただいて、他の人たちが見られないものを見ることができるようになりますように。霊的な貧困に泣く人たちの声を聞いて、心動かされ、出て行って、それらの方々のために共に泣く者となりますように。

私たちにこのことは起こるでしょうか。神様はご自身の祝福をあなたのすぐそばにまでもたらしてくださっています。神様がこのような素晴らしい賜物をあらゆる人に備えておられるのに、それを受け損じることがないように、畏れをもって神様の前に出てください。これからでも全き明け渡しをもって、神様に近づいてください。妨げていたものすべてを手放してください。必要ならば、右腕を切り捨てなさい。神様ご自身からいただく信仰と愛をもって、あなたの心を神様にゆだねてください。そうすれば、あなたがどこにいようと、確かにあなたが読んだとおり、あなた自身は聖霊に満たされるのです。

九　神の愛の陽だまり

「神の愛のうちに自分自身を保ち……」
「(神は) あなたがたを、つまずかないように守ることができ……」(ユダ二一、二四)。

信仰生活には、私たちのしなければならない面があります。「自分自身を保つ」ということです。また、主がなしてくださると信頼するべき面もあります。「あなたがたを守る」ということです。神様の愛のうちに自分自身を保ちなさい。そうすれば神様は、私たちをつまずかないようにしてくださいます。この両面は矛盾しません。いや、むしろ相補うものです。自分自身を保つことと守られること、です。

私たちは困難な時代に生きています。ユダの手紙の後半、この箇所の直前に書いてあるような時代です。一五節をご覧ください。不敬虔な人たちの不敬虔な行いが書かれています。一六節には、今の時代の人たちの人柄がさらにはっきりと述べられています。「ぶつぶつ不満を並べる者たちで、自らの欲望のままに生きて」いる者です。

また、時代の雰囲気は、「その口は大げさなことを語」っているという一六節の表現や、一八節の「嘲る者」という表現から知ることができます。神様は今の時代の困難も戦いもよくご存じです。私たちが今、ここにおいて進んで行かなければならない戦いもよく知っておられます。ですから、「神の愛のうちに自分自身を保ちなさい」と言われます。この姿勢で私たちはこの時代を生きていかなければなりません。そして、私たちがこのように生きるなら、他の方々がキリストに引き寄せられます。陽だまりを歩むなら、輝きを他の人たちに注ぎます。そうするときに、その人たちは自分もキリストを知りたいと願うようになります。

昨晩は満月でした。美しい眺めでした。どうして満月になるのでしょう。いつも満月というわけではありません。月が私たちの見る正面を太陽に向けているから、満月となるのです。月が欠けて見えるのは、私たちが見る月の正面が太陽のほうへ完全には向いていないからです。しかし、満月の時は、月の正面は完全に太陽に向いていますから、月光が煌々とあふれるのです。おお、私たちは、主イエスと真正面から向き合っていて、この方を輝かしている満月のクリスチャンでしょうか。私たちの心や歩みは半月とか三日月とか一筋の光しか輝かせていないのではないでしょうか。そのようなクリスチャンではなく、満月のクリスチャンでしょうか。「神の愛のうちに自分自身を保ち」、いつも主とその愛を見つめ、主と共に歩み、主の御愛を自分の周囲に輝かせ、美しく反映させているでしょうか。

そのように生きるためにはどのようにすればよいか、三つの指示がここにあります。第一に、「自分たちの最も聖なる信仰の上に、自分自身を築き上げなさい」（二〇節、傍点筆者）ということです。日に日に少しずつ、日に日により強く、築き上げていくのです。神様の言葉によって自分自身を築き上げるのです。神様の言葉によって新しい真理を、新しい光をいただき、新しい力をいただくのです。日に日に少しずつ、最も聖なる信仰に根ざして自分自身を築き上げるのです。神様の愛の中に自分自身を保ち続けなさい。集会に出たときだけではありません。自分の部屋で、毎日毎日、神様の言葉を深く瞑想するのです。聖霊なる神様に教えていただくなら、どこの教会で教えられるよりも良い先生を得ます。そして、どこの教会よりも良い御言葉の解き明かしをいただくことができます。

築き上げる道は遅々たるものです。レンガを一個ずつ積み上げていくような、一歩一歩進むプロセスです。それゆえ日々、神様の言葉を学び、読み、受け取って、最も聖なる信仰の上に、自分自身を築き上げなさい。私の家の庭には、寒冷地に咲く西洋シャクナゲが植えてあります。四年間待ちましたが、咲きませんでした。しかし、今年美しく咲いたのです。植えたときには非常に弱々しかったのですが、深く根を下ろしていき、日光を浴び、たっぷり雨水を呑んだのでしょう。四年間、この花は自らを築き上げてきたのです。だからこそ、今年はその美しさが輝き出ました。このようなことを通して、私たちはキリストのようになりたいと願うのではないでしょうか。そのようにしてご自身を築き上げてください。神様の御言葉の土の中に深く根を下ろしていきましょう。信仰によって主の恵みをしっかりととらえてください。この信仰によって私たちは主を受け入れ、主に養っていただいています。恵みをしっかりととらえていれば、私たちも強さに強さを増し加えていくのです。

第二に、「聖霊によって祈りなさい」（二〇節）ということです。

神様の愛のうちに自分自身を保とうとするなら、祈りにもっと時間を取らなければなりません。力のすべてと精神力のすべてと良心のすべてと内なる人のすべてを用いて祈る祈りです。祈りの生活はこれまでどのようなものだったでしょうか。皆さんは主にご自分を明け渡し、主は祝福してくださいました。そして今、主の恵みの陽だまりにいます。

では、これからの祈りの生活はどのようなものでしょうか。私たちの歩みはそのことにかかっています。私たちの祈りの生活をさらに深めていかないことには、今までいただいた祝福はほとんど価値のない乏しいものになってしまいます。自分が今置かれている困難な現状や自分の周りの世界からの影響に抵抗しようとするのなら、神様との日々の交わりは欠かすことができません。ですから、これを欠かしてはなりません。日々、祈りに多くの時間を割くのです。

大西洋を船で横断したときのことです。無線の発明者の名を冠した「マルコーニの部屋」に入りました。そこでは無線の通信の授受がなされていました。オペレーターは何百キロもかなたにいる人と自由に話すことができます。彼こそ、この船全体にとって最も重要な存在です。必要とあればどんな遠距離とも接触でき、必要ならば助けを得ることができます。危険時には自分の船の位置を知らせて、助けを求めることができます。祈りに身を挺する人は神の国と神の教会にとって最も重要な人物です。その人は、無線通信使として、目に見えないものを取り扱い、メッセージ、ときには町全体の人々に助けと救いをもたらすためにSOSを送るのです。聖霊によって祈ってください。これが、主が私たちにお命じになる第二の点です。

第三に、「魂を救いなさい」ということです。

「ある人々が疑いを抱くなら、その人たちをあわれみなさい。ほかの人たちは、火の中からつかみ出して救いなさい」(二二〜二三節)。愛と思いやりによって救われる人がいます。一方で、厳しく接しなければならない人もいます。家が火に包まれているとき、消防士は危険の中にある人に形式ばったことなどを言ってはいられません。住人を火の中からつかみ出してでも救うでしょう。ある人たちについてはそのような取り扱いをしなければならないときもあります。一刻も早く炎の中から救出するのです。この目的を果たすためには、神様の愛のうちに、そして神様の言葉のうちに自分自身を保たなければなりません。日々、聖霊によって祈り、日々、人々を取り扱って導き、人々の救いを切望するのです。

ビリー・サンデーという伝道者は、どうしたら信仰からの脱落を防げられるかということで三つの提案をしています。第一に、毎日十五分、聖書を通して神様の御声を聴く。第二に、毎日十五分、祈りによって神様と話をする。第三に、毎日十五分、主イエスのことをだれかに話す。他者の救いのために自分自身を献げてください。自分の周囲の罪人の方々ために、あらゆるところに住む、失われている人たちのための重荷を担ってください。宣教師の熱情が自分にあるかどうか、自らを探ってみてください。

もし神様の愛のうちにとどまろうとするなら、私たちはこれらの三つのことをしなければなりません。そして、いつも「永遠のいのちに導く、私たちの主イエス・キリストのあわれみを待ち望みなさい」（二一節）。キリストの来臨を求め、待ち望むのです。エノクもまた、この希望を抱いて神様と共に歩みました。彼は、「見よ、主は……来られる」（一四節）と宣べ伝えました。エノクのように神様と共に歩もうとするなら、私たちもこの希望をいただかなければなりません。

まことに、王なる方の来臨は間近かもしれません。ですから私たちはこの競技を走る者として、これまでにないほどしっかりと心の腰に帯を締めなければなりません。自分の持っているすべてのものをこの目的に投入して、かの日に勝利者となりましょう。

このように、「神の愛のうちに自分自身を保ち」なさい（二一節）。そうすれば、必ず主は守ってくださいます。主は私たちを「守ることがおできになる」（Ⅱテモテ一・一二）方です。悪魔はいつでも私たちをつまずかせて、罠に落とそうとします。いついかなる時に、罠にかけられ、捕らえられるかわかりません。けれども驚くべきことに、私たちは守られています。やがて私たちが栄光の御前に立つとき、悪魔とその手下どもから守られてきたことで神様の御名を賛美するでしょう。神様は私たちを最後まで守り、大いなる喜びをもって御前に欠けのない者、傷のない者として立たせてくださる方です。御名をほめたたえましょう。

「大いなる時の来る
その日の集いや　いかならん
世の戦いに勝利し
すべての聖徒ら相集い
御前に立つ　ああ　その日よ」

私たちは大いなる歓喜に満たされ、主の栄光の御前に、その時、勢揃いするのです。しかし、皆さんの中には、なお神様の愛が心に満ちあふれていない方がいるかもしれません。自分の望んでいたようにならなくて、失望している方がいるかもしれません。そのような陰鬱（いんうつ）な薄暗いところから出て来て、神様の輝く陽だまりの中へ入ることができます。どうぞ、自分の弱さ、陰鬱なところを横に置いて、喜びと大いなる歓喜の霊と神様の愛を見いだしてください。今、それをなさってください。

バニヤンの書いたあの『天路歴程』には「クリスチャン」と「希望氏」の二人が「疑惑城」に閉じ込められる場面が出てきます。そこで彼らは飢餓状態になっただけでなく、ずたずたに打ち叩かれもしました。そして、もはや脱出の望みはないとまで思ってしまいます。三、四日たった後、彼らは祈りに没頭しました。すると朝早く、

「クリスチャン」が急に思いついて、こう言うのです。「なんと俺は馬鹿だったことよ、この疑惑城のどんなドアでも開けられる鍵をいつも身につけていたのに。」そこでドアを開けて、地下牢から自由の身となります。そして、「絶望」という巨人の暗闇の力の束縛から解放され、もう一度、神の都大路を巡礼する者となるのです。

私たちも今、束縛と暗闇から解放されて、神様のご臨在の陽だまりの中に入りうる鍵を、自身のふところに持っているのです。それを用いますか。神様の約束をしっかり用いてください。「神様は約束に忠実なお方です。」いいですか。私たちはいま闇から出て光の中に入ります。陽だまりの中での歩みが始まります。もはや陰気な罪の力のもとになどいません。これからはいつも神様の愛のうちに保たれているのです。

一〇　聖餐式　スウォニックのヘイズにて

パンとぶどう酒というこれらのしるしは、神の民に与えられた神様のしるしです。つまり、神様の約束は神の民のものであり、新しい契約は彼らのものであり、彼らもまた神様のものなのです。神様はこれまでこの約束を打ち明けてこられましたが、今や、私たちはパンとぶどう酒にあずかるため、みそば近くまでやって参りました。パンとぶどう酒こそ、すべての約束のものは私たちのものであることを示す神様のしるしです。

このことは、今、私たちが楽しい時を過ごしているこの美しい所を所有している方のもとに行くようなものです。美しい建物を見学し、庭園を散策し、可憐な花々を楽しんでいます。庭と芝生が美しく配置されているのも楽しんでいます。見渡すと、この方の所有する農場が向こうに広がっているのが見えます。さらにこの方の部屋に入ってみると、机の上には法律に関わる書類が置いてあります。この書類を読むのはひどく退屈そうです。皆さんがこの方に「こんな書類のどこに興味があるのですか」と尋ねるなら、その方は答えるでしょう。「これは私にとってはとても大事なものです」と。その書類があるからこの人はこの全資産を所有しているのです。この退屈そうな書類があるからこそ、だれもその方の資産について口を挟むことができません。この書類は、これらをみな所有しているという証しです。

そして、今や、神様は天の所にある聖霊の祝福のすべてが私たちのものであるというしるしを、皆さんに、そして私に与えてくださっています。神様が与えてくださるそのしるしが今朝、私たちがあずかろうとしているパンとぶどう酒なのです。「これはわたしの、新しい契約の血です」（マタイ二六・二八、英欽定訳）。これは「その契約のしるし」（創世九・一二）です。

旧約聖書、創世記の九章で、神様はもう一つの契約のしるしを与えておられます。九章一二節に、マタイの福音書と全く同じ表現があります。「神は仰せられた。『これがわたしとあなたがたとの間に……結ぶ契約のしるしである。わたしは雲の中に、わたしの虹を立てる』」（九・一二〜一三、英欽定訳）。虹は神様の愛のしるし、すなわち、この契約のための聖餐式です。また、創世記の一七章をご覧になれば、さらにもう一つのしるしが一一節で与えられています。「あなたがたは自分の包皮の肉を切り捨てなさい。」これが当時、神様との契約に入るためのしるしでした。つまり、彼らは神様の約束を信じ、その約束が成し遂げられるだろうと期待したのです。

　神様は虹をしるしとして与えたように、また割礼をしるしとして与えたように、私たちがこれからいただくパンとぶどう酒をしるしとして与えてくださいました。ですから、私たちは、この契約が自分たちのものであると知っています。また、血潮によってこの契約が批准されたことを知っています。ここに今、契約のしるしが置かれています。神様は素晴らしいご配慮と驚くほどの優しさを込めてこれを与えてくださっています。契約のしるしとしてこれを私たちに与えてくださっています。神様は信仰によって歩むことがいかに困難であるかをよくご存じです。私たちから信仰をもぎ取ろうとする悪魔の手口も策略もよく見抜いておられます。私たちの信仰を惑わして不信仰に陥れようとする、この世と肉性と悪魔がどれほどのものであるかもご承知です。ですから、私たちの信仰を力づけるためにこの契約のしるしを私たちに与えてくださいました。私たちがこの契約をしっかりと握り、神様がいかに真実なお方であるかを知るためです。

　ヘブル人への手紙六章一七節には、「そこで神は、約束の相続者たちに、ご自分の計画が変わらないことをさらにはっきり示そうと思い、誓いをもって保証されました」とあります。

神様はご自身の言葉が変わらないこと、ご意志が変わらないこと、ご自身の私たちへの計画が変わらないこと、つまり、みこころが堅く動かないことを私たちに示そうと願っておられます。そして、私たちがこの地上で白い衣を身にまとい、この地上でやがて訪れる栄光の始まりを先取りして、神様によって圧倒的な勝利者として歩めるようにと神様ご自身が私たちのために計画しておられるとするならば、そのみこころは不変、不動なのです。変わることは決してありません。そして、みこころが変わらないことを示すために、神様は誓いをもって保証されました。それは、「約束と誓いという変わらない二つのものによって、(私たちが) 力強い励ましを受けるためです」(ヘブル六・一八)。さらに、「前に置かれている希望を捕らえようとして逃れて来た」(同節) 私たちが完全な励ましを受けるためです。私たちの多くは、目の前に希望があるのを先週の日曜日までは知らなかったでしょう。でも今や、私たちは新しい潔さと力と祝福とともにその希望を見ました。そして自分の前にあるその希望を捕らえようとして、ここに逃れて来ました。神様は私たちの信仰を励まし、みこころの変わらないことを示すために、この契約のしるしを与えておられます。それによって私たちが信じるためです。

たとえて言うならば、ある億万長者に一人の息子がいたとします。その息子は病弱で、足が不自由です。この少年はいつも不安で、自分の将来について悩んでいます。自分はどんな職業にも就けないし、起業できるわけでもないとわかっているからです。今は父親と一緒に住んでいるからいいものの、もし父親が死んでしまったらどうなるだろうかと、それが怖いのです。父親はある日、息子にこう言います。「そのようなことを心配する必要など全くないのだよ！　なぜって、ほら、父さんの財産はみなお前のもので、たとえ父さんが亡くなったとしても、それは全部、お前のものになるのだから。お前は全財産の相続人なのだよ。わかったね。」　そして、父親はポケットから遺言書を出します。「これが遺言書だ。父さんのサインがあるだろう。これがあるから、何もかもお前のものなんだ。さあ、読んでごらん。」　そして、父親はわが子の信頼を確かなものとするために、その遺言書を読んでやります。そのうえで遺言のもつ法的効力について語ります。「お前が望むなら、この遺言書を持っていればいい。そうすれば、いつでも自分でこのことを確かめることができるだろ。」

神様は同様のことを言っておられます。「神は、約束の相続者たちに、ご自分の計画が変わらないことをさらにはっきりと示そうと思い、誓いをもって保証されました」（ヘブル六・一七）。神様はご自身のみこころを私たちに読んで聞かせ、契約のしるしであるこのパンとぶどう酒を与えてくださいます。そのことによって私たちの信仰は励まされます。そして、神様の約束すべてをしっかりと握っていることを知り、キリストが与える豊かなものはみな、天の所において自分のものであることを知り、聖霊が与える豊かなものが自分たちに明らかにされていることを知るのです。なんと素晴らしいことではありませんか。私たちは、私たちの神様とのこの契約の中に入れていただいているのです。

また、サムエル記第一、一八章一節から三節をご覧ください。この人物は契約なしでその人と友人であったでしょうか。もちろん、それも可能でした。ヨナタンはダビデの友人でありつつも、彼に対していっさい義務を負わずにいることも可能でした。ヨナタンはダビデを愛しつつも、自分を与え尽くすような崇高な愛によってダビデと契約を結ばないでいることも可能でした。しかし、ヨナタンは永遠に二人を結びつけるつながりを求めたのです。

おお、愛する皆さん。神様は私たちを契約に基づく友情へと招いておられるのです。なんと驚くべきことでしょうか。神様は契約なしでも私たちを愛することができたでしょう。けれども、私たちを深く愛してくださいました。ご自身を空(むな)しくする愛で。ご自身を与え尽くす愛で。私たちがすべてを所有することを願う愛で。ですから、神様は私たちと契約を結ばれました。そして、永遠に終わることのない義務を契約によって自らに課し、今や私たちと契約関係でつながれているのです。神様を賛美しようではありませんか。

サウル王がそこにいました。彼もいくらかはダビデを愛していました。ダビデの勝利の恩恵をこうむっていたからです。サウルはダビデに目をかけていました。それで、ダビデを自分の家に招き入れ、そのあと彼と共にいることを願い、ダビデの立琴の演奏を聞くことを好みました。サウルはダビデを愛し、ダビデをほめ、目はかけていました。おお、しかし、それは契約に基づく友情ではありませんでした。ヨナタンの場合と全く異なるものでした。

おお、愛する友人たちよ。主と私たちとの関係はどのようなものでしょうか。多くの人は主イエスと共に歩み、主がカルバリで十字架にかかられた栄光の勝利の結果を享受しています。主を愛し、主が自分たちの近くにいてくださることを喜んでいます。しかし本当の意味で、主との契約関係に入ってはいません。神様は私たちを契約に基づいた友情へと招いておられます。私たちの多くが、いや、ほとんどの人が、今この時、主と自分自身を結びつける、契約に基づく友情に入れていただこうと願って、手を主に差し伸べているでしょう。そのことは、とりもなおさず、キリストが与えてくださるすべての豊かな約束と特権を求めている、ということです。そうです、新約聖書の約束の全部、すなわち私たちのために神様が素晴らしい知恵と恵みによって計画された、新しい契約における約束を丸ごと享受する者としていただきたいと願っている、ということです。この約束は私たちのために計画されましたが、それは私たちが全き自由をもってこの世界を歩み、自分は万物の継承者であることを示すためなのです。

主は皆さんとの契約関係に入られます。そして、ここにあるパンとぶどう酒がその契約のしるしです。神様は、聖餐にあずかる私たちを新たにご自身と結びつけてくださいます。そして、私たちも自分たちが主のものであることを新たに示し、私たちの神様とのこの契約に基づく友情を喜ぶのです。

一人の女性の指に美しい指輪がいくつか光っていることを思い浮かべてください。豪華なダイヤモンドの指輪です。五つの宝石から構成されており、まばゆい輝きを発し、あらゆる色彩を帯びています。その横に添えられているのは、素晴らしい色を輝かせるピジョンブラッドルビーの指輪です。目を奪われます。よく見ると、もう一つの指輪があります。簡素な金の指輪です。ただし、この簡素な指輪について問うならば、彼女はこう答えるでしょう。「これは私にとってかけがえのない指輪です。結婚の契約のしるしなのです。」 そこで、「その指輪がなかったら結婚しませんでしたか」と尋ねるなら、「そんなことはありません。この指輪そのものが私の結婚ではありませんから。けれども、この指輪は私の結婚のしるしです。私が彼と一つであることのしるし、彼が今まで私にしてくれたこと、またこれからしてくれることすべてのしるしです。ですから私はこの指輪を見ると、喜びに満たされます。この指輪がこれらのことをみな私に語りかけてくれるからです」と彼女は答えるのです。

愛する皆さん、今、ここに皆さんのための契約のしるしが置かれています。神様は皆さんとの素晴らしい契約を立ててくださいました。そして、この契約によって、すべてを皆さんのものとする、と約束されました。そうです。最上、至高のものであるご自身そのものを約束しておられるのです。ご自身が皆さんと共にあり、皆さんも主と共にあり、主と一つにされていることを約束しておられます。祝福に満ちた合体によって主と一つにされ、ヨハネの福音書一五章に示されている特徴をもつものとされるのです。主はこのことを計画し、それを実現なさいました。いわば、契約のしるしとしてこの指輪を皆さんの指にはめてくださいます。今朝ここで分かち合うこのささやかな礼拝において、皆さんはこの契約のしるしを見るのです。

この事実に皆さんは心底感動しないでしょうか。なぜなら、神様は私たちのものであり、私たちも神様のものであること、キリストは私たちのものであり、私たちもキリストのものであること、聖霊は私たちのものであり、私たちも聖霊のものであること、そして、神様の契約、永遠の契約、新しい恵みの契約に伴って与えられる豊かなものすべてがキリストにあって私たちのものであることを知るからです。億万長者の夫をもつどころの話ではありません。私たち自身が億万長者なのです。なぜなら、神様は天の所にあるあらゆる祝福を聖霊によって、私たち一人ひとりに与えてくださっているからです。契約の血が、契約のしるしがそれを物語っているのです。

出エジプト記二四章に戻りましょう。ここには、神様がイスラエルの民に与えられた聖餐式が記されています。八節には、「モーセはその血を取って、民に振りかけ、そして言った。『見よ。これは、これらすべてのことばに基づいて、主があなたがたと結ばれる契約の血である』」とあります。主イエスはこのモーセの言葉を取り上げられました。そして、出エジプト記二四章六節の御言葉を私たちに語られたのは明らかです。これはまさしく旧約聖書における聖餐式です。ここに契約の血があります。モーセは血の半分を取って（六節）、鉢に入れ、血の残りの半分を祭壇に振りかけました。また、「その血を取って、民に振りかけた」（八節）とあります。この丘の下には祭壇が築かれています。全会衆がその周りに集っています。そして血は祭壇と会衆に分けられて、注がれます。モーセは両者に等分されたことを彼らに見せたかったのです。つまり、神様と会衆がこの契約に等しい思いと願いをもっており、両者とも等しくこの契約によって結ばれ、この契約の恵みにあずかるということです。そして、何が起ころうとも、彼らは神様の民として法的にも個人的にも結ばれます。

その結果、どうなったでしょうか。

まず、彼らはその山の高い所まで登ることができました。この契約で結ばれたおかげです。九節には「それからモーセとアロン、ナダブとアビフ、それにイスラエルの長老七十人は登って行った」とあります。直前の二〇章二〇節から二一節を見てください。民は遠く離れて立ち、モーセだけが神様に近づきました。民はこう叫んでいます。「神が私たちにお語りになりませんように。さもないと、私たちは死んでしまいます」（二九節）。彼らは高い所に登りたいと望みませんでした。ただ遠くにいたかったのです。遠くへ離れれば離れるほど平安だと考えていました。しかし今や、彼らは高い所に登って行こうと強く願っています。

おお、愛する皆さん。この契約は私たちを携えて山の高い所へ登らせるものです。この契約の血があればこそ、私たちは聖所に入ることができるのです。そうでなければ、ただ震えて、主の聖霊をいただこうなどという考えは微塵（みじん）も起きないでしょうし、神様は私たちに向けて「離れ去れ」のご命令しか語られないでしょう。一九章に見るイスラエルは自信満々で、血潮なしでも神様の御前に立てると思っていました。しかし彼らにはそれができませんでした。つまり、彼らは恐れて退き、遠く離れたい、と願いました。神様の御声を聞くことを嫌いました。しかし二四章をご覧ください。神様は彼らによりすぐれた道をお見せになります。血によって彼らは守られているのです。そして、この道は開かれているのです。この血は彼らの必要に応え、彼らのすべての罪を贖（あがな）います。この血は彼らに完全な癒しを与えるのです。この血は神様と彼らの間に完全な満足を与えます。ですから、彼らは神様のところに上って行くことができるのです。それが第一のことです。

この契約のしるしによって、私たちも神様のみもとに近づくことができます。この契約によって私たちはもう一度神様のみもとに近づくことができます。しかし、それだけではありません。さらに私たちは神様を見ることさえできるようになるのです。「彼らはイスラエルの神を見た」（一〇節）とあります。おお、なんと素晴らしい救いではありませんか。契約の血のおかげです。血が流されたからこそ彼らは神様を見ることができたのです。

同様に、今朝、私たちもこの場において神様を見ることができます。主を見、主との交わりに入ることができるのです。顔覆いを取り除けられて、主の栄光を見ることが許されています。さらに、出エジプト記二四章一二節をご覧ください。神様は、「山のわたしのところに上り、そこにとどまれ。わたしはあなたに石の板を授ける。それは、彼らを教えるために、わたしが書き記したおしえと命令である。」そのとおりです。神様は私たち一人ひとりをみもとに引き寄せたいと願っておられます。私たちが神様を証しする者として出て行き、人々に教え、神様のみこころを伝え、神様の御力によって彼らをもこの契約にあずかる者へと導き入れるようになるためです。ここに契約のしるしがあります。そして、私たちがこれによって享受しているものがあるのではないでしょうか。

さて、契約とは何でしょう。ヘブル人への手紙八章をお開きください。ある人たちによれば、聖書の中で最も重要な章だということです。私たちは聖書を二つに分けて旧約聖書と新約聖書と呼んでいます。このように分けるのはこのヘブル人への手紙八章によるのです。ところが、この章について知っている人はクリスチャンでもきわめて少ないのです。さらに、私たちに与えられた新しい契約や新しい恵みの契約を知っている人もきわめて少ないのです。この約束をしっかりとらえておくようにと繰り返し申し上げてきました。スウォニック聖会の信条をお聞きください。「これこそ私たちが嘆願する約束、私たちが相続したいと切望し、他者にもぜひしっかりとらえてほしいと励ましている約束です。」

一〇節をご覧ください。この約束を見ていきましょう。「わたしがイスラエルの家と結ぶ契約はこうである。……わたしは、わたしの律法を彼らの思いの中に置き、彼らの心にこれを書き記す。」罪の律法、肉的生活の律法が、神様の律法、潔い律法となるというのです。神様は、私たちの最深部の性質までも取り扱う準備ができておられます。「わたしが彼らの先祖の手を握って……導き出した」（九節）ときに与えられた外面的な約束だけではありません。この約束は素晴らしいものでした（そして、イスラエルの民はこの約束によって全く救われることも可能でした。しかし、彼らはそうなりませんでした）。これに加えて、より良い道を、より良い約束を与えてくださっています。主には、内なる人を取り扱う準備ができておられます。心に光を当てると約束しておられます。

崩され、この世のものとなった心は、崩壊したものを求め、この世のものを求めます。一時の間それらから顔を背けることがあっても、心はこれらのものに舞い戻っていくのです。けれども、「彼らの心をわたしの心に、わたしの律法に一致させる」と主は語っておられます。そのような心は自然に神様の掟に注意を払います。そのような心は自然に主と共に歩み、白く、潔（きよ）い衣を身にまとって神様の前を歩みます。「わたしは、わたしの律法を彼らの思いの中に置（く）」（一〇節）。その人には光が当てられた心と潔められた愛情が宿ります。「彼らの心にこれらを書き記す」（同節）。すなわち、潔い愛情と潔い願望が宿るのです。

第二の大いなる約束はこれです。「わたしは彼らの神となり、彼らはわたしの民となる」（一〇節）。つまり、神様がご自身の立場を私たちに下さるということです。神様が私たちのものとなってくださるというのです。あたかも、結婚した女性が「私には美しい家があります。子どもたちもいます。これらすべてのゆえに、神様に感謝しています。しかし何よりもこの指輪に象徴されていることを感謝しています。すなわち、夫が私のものであるということです。彼こそがすべてにまさるのです」と言うようです。「わたしは彼らの神となる。」　神様はあなたのものです。あなたは神様に属する者となります。やがて悪魔もあなたが神の子であることを知るでしょう。この世の人たちもあなたが神の子であることを知るでしょう。そして人々は、何か悲嘆にくれることが起こったときには、あなたを頼って来るでしょう。そして、あなたが今まで受けてきた迫害も不親切な言葉についてもすべて謝罪してくるでしょう。「わたしは彼らの神となり、彼らはわたしの民となる。」

そして、一二節には完全な赦しが出ています。「わたしは彼らの不義にあわれみをかけ、もはや彼らの罪を思い起こさない」（一二節）。絶対的、完全な赦しです。私たちの行ったあれこれを、神様がご自身の心の中に秘めておいて、いつでもそれらを持ち出すなどということは決してありません。神様は全き愛のほほえみをもって私たちをご覧になります。過去のことは赦されました。主の血潮のゆえに忘れ去られました。それは、罪責が拭い取られたから、法的手続きから見て、さあ、天国に行けるよ、というだけのものではありません。神様が覚えていて、契約を立ててくださったので、私たちは今や、主の尊き血によって潔（きよ）くされ、救われ、聖なる者とされて、神様のものとなっているのです。永遠に神様のものなのです。

ですから、ヘブル人への手紙の最後の一三章を開きますと、二〇節以下には、この比喩が続けて用いられています。「永遠の契約の血による羊の大牧者、私たちの主イエスを、死者の中から導き出された平和の神が、あらゆる良いものをもって、あなたがたを整え、みこころを行わせてくださいますように。また、御前でみこころにかなうことを、イエス・キリストを通して、私たちのうちに行ってくださいますように。」

神様は私たちを実際に聖なる者とされます。それは理論上の潔めとか理想的な潔めとかといった類のものではありません。夢とかではなく、私たちを神様のみこころのままにあらゆる良いわざを行うことができる者にしてくださるのです。ですから、主のみこころを行うとき、うめいたり文句を言ったりしながら行わないようにしなさい。むしろ、主の御前で喜ばれるものとなるために行いなさい。あなたの息子に何かをするようにと頼んだ際、時として言われたとおりのことはしても、それを嫌々ながらすることがあるでしょう。かと思うと、別の時には、満面の笑顔で、鼻歌まで歌いながら喜んで、頼んだことをしてくれることがあるでしょう。後者のほうが前者よりも、十倍もの値打ちがあることはわかるでしょう。神様は私たちにそのような精神を与えると約束してくださいました。ただ神様のみこころだから従うというのにとどまらず、いつも喜んでそれを行うようにしてくださるのです。神様は、私たちのうちにご自身が喜ばれることをなさいます。そして、神様がお喜びになるのは、私たちが喜びをもって主に仕えることです。

事実、このことには三位一体の神様全体で関わっておられます。ヘブル人への手紙一三章二〇節に見るように、父なる神様はこのことに関わっておられます。このお方は平和の神であって、平和をもたらしてくださいます。そして、「平和の神」というこの素晴らしい称号は潔めのことを、いつも語っています。すなわち、潔められてはじめて、不安をもたらす心の中の様々なものが取り去られるからです。平和の神がこれをなさいますが、それは羊の大牧者、すなわち神の御子によって、その死とその血潮とその栄光の復活によってなされます。主イエスが死者の中から復活されたとき、エルサレムの北にある墓で神の絶大な御力がはっきりと現されました。そして、この御力が現されたのは、神様ご自身が私たちを全く潔め、ご自分の霊に満たしてくださることを私たちに対して誓うためです。そして、この潔めの御業は、御子を通して、偉大な働きをなす聖霊によって行われています。ですから、「あなたがたのうちに働いて」（二一節、英欽定訳）とあるのです。聖霊は、この祝福に満ちた潔めを私たちのうちに行ってくださいますが、それは御子の流された血のゆえであり、聖霊の偉大な力のゆえです。また、罪が全く癒されるのは、敵が支配する力から神の御子が見事に復活されたからです。聖霊は、自らの花婿に結ばれた花嫁として私たちが歩むことができるようにしてくださいます。愛のうちを歩み、花婿が花婿であることを喜びつつ歩むのです。神様はこの永遠の契約によって私たちをご自身に結び合わせてくださいました。おお、素晴らしい恵みです。神様は私たちを取り、ご自身に結び合わせてくださいました。

今朝、もう一度、私たちは、心を和らげて、契約のしるしであるパンとぶどう酒を見ています。ですから、これらにあずかるとき、すべてのものが自分に属することを覚えてください。聖なる神様はあなたの神であり、あなたは神様のものなのです。

一一　主の栄光が主の宮に満ちた

歴代誌第二、六章四一節と七章一節には、旧約聖書がペンテコステをどのように理解していたのかが記されています。「『今、神、主よ、立ち上がってください。あなたの休み所にお入りください。……あなたの祭司たちが救いを身にまとい、あなたにある敬虔な人たちが、いつくしみを喜びますように。』……ソロモンが祈り終えると、天から火が下って来て……主の栄光がこの宮に満ちた。」「主の栄光」の中でソロモンの祈りは答えられました。神様の臨在が宮に満ちたので、そこは生ける神の生ける宮となり、神様の御住まいとなったのです。

旧約聖書には三度、神様のための家が建てられたという歴史が書かれており、いずれの時も栄光が満ちあふれました。一番目は、モーセが幕屋を建てた時です。そして今述べたのが二番目であり、ソロモンが宮を建てた時です。そしてエゼキエル書四三章の、神殿が建てられ、主の栄光に満ちた時です。神様はこれら三つの出来事を通して、私たちの心の宮が神様のために整えられるならば、そこにご自身を顕現すると教えておられます。もはや空虚な宮ではなく、生ける神様のお住まいになる聖なる宮となります。

だれであれ回心し、新生するとすぐ、そのようになりたいと心から願うでしょう。それこそ新生した魂の本能的な産声です。「神よ、どうぞ私の魂を満たしてください。そして、ご聖霊によって満たされ、潔(きよ)くされ、神様との交わりに入ることができますように。」これこそ聖霊に感動させられた叫びであり、神様は喜んでお答えくださいます。明確に、そして十分に答えようとしてくださいます。主イエスは常に、「聖霊によってバプテスマを授けるお方」（マルコ一・八参照）です。

早朝、部屋がまだ薄暗いときに、たまたま目覚めたとします。床(とこ)を抜け出て、あれやこれやにつまずきながら、窓辺に行きます。そして、カーテンを開くか、雨戸を開けます。するとまばゆい朝の陽光が部屋に差し込んできて、隅々まで明るくします。神様は今、私たち一人ひとりの心のシャッターを開けて、主の栄光が心の宮を満たすようにしたいと願っておられます。聖霊がバプテスマを授け、私たちのうちに住まわれることによってそのことをなそうと願っておられます。

この経験は、いわばバニヤンが「ベウラの地」と呼んでいるものです。太陽は夜昼となく燦々(さんさん)と輝き、自分は巡礼者として神様の都を望み見ることができ、「主に贖(あがな)われた者」、「神の聖者」と呼ばれる場所を指しています。そして、彼らはそこで、「見よ、あなたの救いが来る」（イザヤ六二・一一）と都から語る声を聞き、心は歓喜と期待にはずみ、花婿と花嫁の契約は新たにされるのです。神様は私たちの魂をこのベウラの地へ、この国の陽光の中に輝く祝福の国へ連れて行きたいと思っておられます。そこで私たちは主の栄光を見つめ、そこでこそ光と洋々たる希望と期待に満たされ、神様の御声を聞くのです。

さて、主の栄光が宮に満ちたとは、どういう意味でしょうか。そしてその結果、何がもたらされるのでしょうか。

(1) 最初にもたらされるのは潔さです。マラキ書三章一節には、「見よ、わたしはわたしの使いを遣わす。彼は、わたしの前に道を備える。あなたがたが尋ね求めている主が、突然、その神殿に来る」とあります。ここには深い霊的な意味があります。疑いもなくこれは歴史的に成就されるべきことですが、私たち一人ひとりの魂にも、つまり、私たちの内に神様が造られた宮にも霊的な意味が当てはまります。「あなたがたが尋ね求めている主が、突然、その神殿に来る。……レビの子らをきよめて、金や銀にするように、彼らを純粋にする。彼らは**主**にとって、義によるささげ物を献げる者となる」（マラキ三・一、三）。

主がご自身の宮に来られるときに最初になさることは、悪を取り除き、潔め、精錬し、肉と霊のすべての汚れから私たちを純粋な者とすることです。主の願うところは、ご自身の宮が潔く（きよ）あることです。主には、極みまで救う力がおありです。聖霊なる神様が、待ち望む私たちの魂に来られるなら、最初にもたらされるのは潔（きよ）さです。

(2) 第二にもたらされるものは、エペソ人への手紙三章一七節に書かれています。「信仰によって、あなたがたの心のうちにキリストを住まわせてくださいますように。」そこにキリストの臨在がとどまります。もちろん、それはキリストの平安とキリストの喜び、またキリストとの交わりも意味します。また、全人格が主の導きのもとにあり、主のご支配のもとにあります。神様の平安そのもの、神様の喜びそのもの、神様の御力そのものが私たちに与えられます。主が私たちの心をご自身の住まいとされたからです。

日本でのことですが、有罪判決を受けた囚人で、見事に回心した人がいました。彼はすぐに神様の言葉を学び始めました。御言葉から本物の養いを受け、御言葉を愛し、聖書を初めから終わりまで読み通し、何度も読みました。ある日、使徒の働き〔使徒行伝〕を読んでいたときのことです。ステパノの場面ですが、この殉教者の顔が御使いのように輝いたとあります（六・一五）。また、息を引き取るときに、自分の敵が赦されるようにと祈ったことが書かれています（七・六〇）。この話を読みながら、回心した彼は、このような恵みについて何も知らないと感じたのです。自分が神の子とされていること、また新生していることを信じていました。しかし、事あるたびに牢内で囚人を抑圧する幾人かの看守たちに対して、苦い思いを抱いていました。看守たちが彼に悪さをしたときには、たちまち憤りに火がついて、猛然と暴れたのです。彼にはステパノの霊性がありませんでした。そして、この殉教の場面を読むにつれ、ステパノがそうであったように、主イエスには自分を潔く（きよく）するだけの恵みがあると確信しました。持って生まれた自分の苦い心の根も不親切も罪のすべても主は取り除いてくださると確信しました。彼は獄の中で神様の御前にひざまずいて、自分にもそのようにしてくださいと祈り求め、そして、それをなしてくださった神様に感謝したのです。全くの奇跡ですが、彼は釈放されて、出獄し、福音を宣教し始めました。今、彼は福音宣教者として、全国くまなく行き巡り、受刑者をはじめとして多くの人々を主に導いています。

　主の栄光が宮に満ちることは可能です。神様は私たちの心と霊を満たすことがおできになる方です。もし神様が狭い獄中での聖会において彼に聖霊によるバプテスマを与えて、罪を自覚している魂を潔めるのであれば、神様は私たちにも同じことをすることがおできになります。キリストは私たちの心に信仰によって住まわれます。

(3) 主の栄光が臨まれるならば、第三の御業は何でしょうか。力です。真の力です。だれでもその力を感じることができます。「聖霊があなたがたの上に臨むとき、あなたがたは力を受けます」(使徒一・八)。ここにおいでの皆さんは力を求めて、神様に叫んでおられることでしょう。皆さん、そうではないでしょうか。霊的な力、救霊の力、主イエスの神の国のために労する力を求めることはその人の霊性が健全なしるしです。自分の生来の力は役に立たず、神様の与えてくださる力を求め、それこそ必要だと信じ、神様の御前にひれ伏して求めるのは、霊的に健康であることのしるしです。神様を通して、それをいただくことができます。

同じ電線でも、電流が流れているのとそうでないものとは大違いです。同じ金属線かもしれません。しかし、一方は何かを起こす力があり、影響を及ぼすことができます。けれども、他方は何もできません。

愛する方々よ、神様の力は皆さんのところに来ていますか。「主の栄光が宮に満ちた」と綴られているこの素晴らしい物語に象徴される聖霊の力は皆さんのところに来ていますか。私たちを満たしてくださる栄光があるのです。この栄光に満たされれば、救霊の力を得て、罪に沈む人たちに手を差し伸べ、彼らを岸辺へと導くことができます。私たちの祈りは聞かれて、神様がこの地を舞台にして私たちを用いられるのです。

(4) もう一度、歴代誌第二、七章三節をご覧ください。主の栄光が宮に満ちるとき、そこには礼拝の霊が与えられます。栄光が下るならばどこでも、賛美する霊、礼拝する霊が与えられます。主の御前にひざまずき、主を賛美せずにいられない霊が与えられます。「イスラエルのすべての人々は、火が下り、主の栄光がこの宮の上に現れたのを見て、膝をかがめて顔を地面の敷石に付け、伏し拝ん（だ）」（七・三）。礼拝の霊とは何でしょう。「私ではなく、キリスト」と言う霊です。「私の願いではなく、あなたのみこころをなさってください」と言う霊です。たいへん謙虚な霊、礼拝する霊です。聖潔の霊、ホーリネスの霊とは真の礼拝の霊であり、ちりの中に伏して、神様を本当に重んじる霊です。

(5) 主の栄光が下るなら、そこに賛美の霊がもたらされます。喜びと歓喜の霊です。「『主はまことにいつくしみ深い。その恵みはとこしえまで』と主をほめたたえた」（七・三）とあります。神様は私たちを、天の喜びと歓喜に共にあずかる者にしたいと願っておられます。私たちの主イエスは王座におられます。死を通り抜け、勝利を収められましたが、今も罪によってののろいを受けた地上にあって様々な争いと困難と制約の中にある私たちを最深の思いやりをもって見ておられます。そして、私たちが天の喜びに湧き上がるようになってほしいと切望しておられるのです。ですから、主はご自身の聖霊を私たちに送って、私たちが言葉に言い尽くせないほどの賛美と満ち満ちた栄光をもって、歓喜にあふれるようにしてくださっています。そして、この栄光は、ご自身を求める者にすでに与えると約束されていたものです。

(6) 四節には、人々は「主の前にいけにえを献げた」(傍点筆者)とあります。心が愛に燃え、魂が天の喜びに湧いているとき、神様に犠牲を献げることはだれにでもできます。クリスチャンとは主のために自分を否定して、「主が私に良くしてくださったすべてに対し 私は主に何と応えたらよいのでしょう」(詩篇一一六・一二)と申し上げる人のことです。自己犠牲を義務のように感じるからではなく、また英雄気取りでするからでもありません。自分自身の主への愛のゆえにそうせずにいられないから、そうするのです。十字架を負わずにはいられないのです。自分を否定せずにはいられないのです。主だけを礼拝せずにはいられず、主に全く従わずにはいられないのです。香りの良いいけにえです。時間を献げることかもしれませんし、楽しみや安楽さや自分の嗜好(しこう)のために使うお金を献げることかもしれません。それらを犠牲として主の御前に持ち出し、主に献げるのです。主の栄光が魂に到来したのなら、そのようになります。

聖霊なる神様こそが私たちの祈りに対する最大の応答です。ペンテコステは祈りに対する最大の応答でした。祈り以外の秘訣はありません。だれでもペンテコステの霊を受けることができます。ソロモン王は祈りました。「主よ、立ち上がってください。あなたの休み所にお入りください」（Ⅱ歴代六・四一）。神様はこの祈りに答えられました。そして、栄光が到来したのです。この祈りは私たちの日々の祈りとなっているでしょうか。そうであるなら、受け取る時が来ます。祈り会に出かける日々もあるでしょう。他の人たちの祈りを聞くこともあるでしょう。公に祈ることもあるでしょう。しかし、これらは「祈りの日々」ではないのかもしれません。ぜひ、自身の祈りを判別してみてください。神様は尋ねておられます。「今このとき、あなたは何を願っているのか」と。

ジェームズ・ターナーというすぐれた伝道者がいました。彼の伝記の中にこう書かれています。ある朝、主は彼に尋ねられたそうです。「ジェームズ、あなたは何を願っているのか。」彼は答えました。「主よ、私の願いはたいへん大きなことです。私は潔くなりたいのです。魂を勝ち取るために力が欲しいのです。彼らを祝福したいのです。」

これが私たちの祈りでしょうか。皆さんは聖霊の力を切望していますか。もしそうなら、祈りは必ず答えられます。へりくだって神様に求めるなら、必ずいただくことができます。まず主の約束をしっかりと握りしめるなら、失敗はありません。いつまでも続く祝福をいただくことができます。絶えることのない力をいただくことができます。なぜなら、主の栄光はすでに来たからです。キリストが来て、あなたの内をご自身の住まいとされたからです。

王ソロモンは言いました。「**主**よ、立ち上がってください。あなたの休み所にお入りください」（六・四一）。そして彼がその祈りを終えるや否や、「**主**の栄光がこの宮に満ちた」（七・一）とあります。今、この場所で答える準備が神様にはできています。

火は天から下ります。主は聖霊をもって私たちにバプテスマを施されます。私たちは内にある栄光と共に出て行き、ベウラの地を行き巡り、こうして、主イエス・キリストによって圧倒的な勝利者となるのです。そのようにしていただきましょう。

一二　神と会う

「モーセは、神に会わせようと、民を宿営から連れ出した」（出エジプト一九・一七）。

神様とお会いする、これがこの集会の目的です。もちろん、そのほかにも数々の祝福が加えられるでしょう。神様は、信じる私たちに喜びと平安をお与えになります。主の再臨を望む、明るい希望を下さいます。互いに愛し合う愛を下さいます。この場での幸いな聖餐とお互いの交わりも備えておられます。神様は様々のことを加えてくださいますが、私たちを集めてくださった主たる目的、最も大切なことは、神様ご自身に会わせてくださることです。

主はかつてエリヤに問いかけられました。「エリヤよ、ここで何をしているのか」（I列王一九・九）と。これと同じ問いを私たちにも向けられたとしたら、どうでしょうか。私たちも真理の限りを尽くして申し上げたいものです。「おお、主よ、私はあなたに近づくためにここにいます。あなたを切に求めております」と。

私たちが主にまみえる日が来ます。私たちは祈りの中でその日のことを思い浮かべています。きっと私たちは心の底から応答し、「主よ、来てください」と申し上げているでしょう。その日、私たちは主イエスにお会いし、御声を聞きます。主を見るので、私たちが主のかたちにまで完成され、主のようにされます。何たる喜び、歓喜の日でしょう。こうして、神様の子羊の祝宴が開かれ、また聖徒の交わりも完成され、天の喜びが始まります。愛する皆さん。今、ここで開かれている集いは、主とのこの集まりは、その日のささやかな前味と言えます。素晴らしいと思いませんか。つまり、今、主の栄光が現され、私たちは神様の御顔を拝するのです。「世はもうわたしを見なくなります。しかし、あなたがたはわたしを見ます」(ヨハネ一四・一九)。私たちは事実、主を見ています。ご自身を私たちに顕現されます。御声を私たちは聞きます。主ご自身がこう言われました。「わたしたちはその人のところに来て、その人とともに住みます」(同二三節)。

これこそがペンテコステの祝福であることに気づきます。ペンテコステとは、まさに主にお会いすること、主の栄光を見ること、主の御声をお聞きすることです。使徒の働き〔使徒行伝〕の一章から二章に出ている最初のペンテコステは、出エジプト記一九章と同様、主にお目にかかる時です。神様はシナイ山で会うためにご自身の民をみもとに引き寄せなさいました。それは、彼らにペンテコステの体験をさせるためであったと私は思います。しかし民は信仰の応答をもって立ち上がりませんでした。それゆえ、ペンテコステの祝福を得なかったのです。けれども、そのことも神様のご計画の中にありました。神様は、シナイ山での出来事をペンテコステの時、ご自身の栄光の時、ご自身の愛が啓示される時、主の恵みが栄光のうちに彼らに働く時とするよう願っておられました。

おお、くれぐれも神様の期待に背かないようにしましょう。私たちの心が主ご自身と主のご計画と主のご目的に応答して、立ち上がっていけますように。主は私たちをお集めになりましたが、それはご自身の栄光に満ちた目的のためです。今、ここに、臨在のうちに、御言葉を囲んで、この祈りの一週間のために私たちをお集めになりました。この機会に主は私たちの魂に新しいことをなさりたいのです。新しいビジョンを与えたいのです。だからこそ主は私たちを集めて、この集会でお会いなさるのです。それは、私たちが心を開いて、御言葉と約束に集中するためであり、主の光の中で私たち自身が探られるためです。

モーセは民を率いて神様に会わせました。神様はこのような招きの言葉を彼らにかけられました。「あなたがたは、わたしがエジプトにしたこと、また、あなたがたを鷲の翼に乗せて、わたしのもとに連れて来たことを見た」(出エジプト一九・四)。神様は彼らに過去のことを思い出させておられます。エジプトの地から贖(あがな)い出された、あの大いなる救いを彼らに告げておられます。私たちも、聖会をまさにそのところから始めるのは当然です。彼らは栄光のうちに救われました。驚異的に救われました。神様によって救われました。彼らは自力ではエジプトの地から脱出するなどとてもできませんでした。しかし神様は信じられないような方法で、彼らを救い出されました。ですから、神様が恵みをもってなしてくださった驚くべき御業のゆえに、この神様を賛美しつつ、物事を始めるのは当然のことだったのでしょう。

私たちも神様の救いを見いだした者として、今この時、この所に集っています。神様は私たちをエジプトの地から救い出してくださいました。ここにおられる皆さんは、どなたもその救いにあずかった方であると私は信じています。もしそのことがまだ不確かな方がおられましたら、神様が今宵、その点を明確にしてくださることを祈ります。神様は私たちみなを、罪から救い、敵の力からお救いになりました。私たちの心を変え、ご自身の十字架とその流された血潮の力によって、すべての罪から私たちを潔めてくださいました。

なんと素晴らしいたとえでしょうか。四節には、「鷲の翼に乗せて、わたしのもとに連れて来た」とあります。母鷲の比喩を用いて彼らの心に印象づけたのです。ひなどりは飛ぼうとしますが、うまく飛べずに落ちてしまいます。すると母鷲がすかさず急降下し、その大きな翼を拡げて、さっとひなを救い上げるのです。地に叩きつけられて死んでしまうところを、このひなは、力強く、優しい、愛に満ちた方法で、鷲の翼に乗せられて、連れ戻されるのです。神様も、鷲のように、エジプトの地にまで深く降りてくださり、彼らをご自身の翼に乗せて、ここまで運んで来られたのです。かの地にいて、まさに破滅しようとしていた彼らでした。しかし神様は鷲の翼に乗せて彼らをご自身のもとに運んで来られたのです。

皆さんがいただいた救いも、私の救いもまさにこれと同様です。私たちにとっての偉大な鷲である神様が降りて来て、その鷲の翼の上に私たちを乗せてくださったのです。敵の手から、罪の滅びと腐敗から私たちを救ってくださったのです。神様がなさったことを新約聖書の光の中で見てみましょう。あの十字架において神様はサタンの力をもぎ取り、その力を、信じる私たちに与えてくださいました。なんと嬉しいことではありませんか。私たちが初めて主を知った時のことを考えてみてください。主の十字架において、神様との交わりを実感し、永遠のいのちを確信したのです。

けれども、さらに先があります。神様はその恵みによってより深いご目的をおもちです。「今、もしあなたがたが確かにわたしの声に聞き従い、わたしの契約を守るなら、あなたがたはあらゆる民族の中にあって、わたしの宝となる」（五節）。

神様のご目的は彼らを束縛から解き放ったことにとどまりません。特別な方法で彼らをご自分のものとし、特別な特権を与え、特別な祝福を注がれることも神様のご目的でした。そのように神様は私たちにもその恵みによってさらに深いご目的をもっておられます。恐れおののきつつ私たちが望んだとしても、主は私たちを罪と地獄からお救いになるだけでは満足なさいません。新生して神様の息子、娘となり、主の家族とされるだけでも満足なさいません。それ以上のことを願っておられます。私たちは主の特別な宝となるのです。

神様は、どんなに私たちの存在を高く値積もっておられるか、それを示したいと思っておられます。そのためには、愛するひとり子という対価さえ惜しまれませんでした。このようにして買い取った者たちを、神様は高価なものとして認めておられます。罪を取り除いて、海の深みに捨ててしまわれただけではありません（ミカ七・一九参照）。もはや二度と思い出さないと約束されるだけでもありません（ヘブル一〇・一七）。神様はご自分の愛を私たちに明らかに示され、ご自身の優しさと恵みの豊かさを示されます。こうしてご自身が私たちのすべてのすべてとなろうとされるのです。私たちの心をご自身に引き寄せ、天の愛の絆で私たちをご自身と一つとされます。私たちが主を知り、主と交わり、主の御顔を拝することを願っておられます。主も私たちと共に歩み、私たちと語り、私たちを主の特別な宝としてくださいます。

神様は、私たちが聖なる国民となると約束しておられます。私たちを罪の力から、蛇の猛毒から救い、そうして、聖と義をもって私たちの生涯のすべての日々で主に仕えさせてくださるのです。さらにあります。「あなたがたは、わたしにとって祭司の王国……となる」（一九・六）のです。神様は私たちをご臨在の真ん中に導く聖なる注ぎを与え、神様ご自身に近づかせてくださると約束しておられます。聖霊に満たされるとき、二つの偉大なことが生み出されます。潔（きよ）さと神様に近づくこと、すなわち神様との交わりです。

「あなたがたは、わたしにとって祭司の王国……となる。」神様に近づく者としてくださるのです。聖霊によるバプテスマは、私たちが今まで体験したこともないほどの深い祈りの生活へと必ず導いてくれます。祈りが、第一の、しかも永続するものとして備えられます。「わたしたちはその人のところに来て、その人とともに住みます」（ヨハネ一四・二三）。慰め主である聖霊が来られるとき、何よりも最初に、祈りの喜びを与え、神様に近づく祈りを与え、力ある祈りを与え、信仰の祈りを下さいます。

さらに、神様は証しの力を与え、奉仕の力を与え、神様に対する熱い愛と救霊の熱情を与えてくださいます。ただし、その前に、祈りや神様に近づくことや祈る力への渇きが不可欠です。大いなる力を発揮する効果的な祈りへの渇きです。

今ここで神様が実現しようとしておられるいくつかを申し上げます。神様は私たちを潔めて満たしたいと願っておられます。私たちに聖霊による油注ぎをしたいと願っておられます。私たちと新しい契約を結び、さらに深い絆でつながりたいと願っておられます。そして、私たちが神様の特別な宝となって、神様にとどまり、神様が私たちにとどまりたいと願っておられるのです。私たちが圧倒的勝利者としての生活を神様のために歩むためです。

神様が実現しようとしておられるこれらのことが私たちのうちに成就するためには、どうしたらよいのでしょうか。イスラエルの民を神様がどのように取り扱われたか、そして彼らと会うために、どのようにして彼らを連れ出されたかを見ていきましょう。

(1) 彼らは**神様のメッセージを聞きました**。

モーセは神様のご目的とご計画を彼らに伝えておきました。神様の言葉は彼らの心と魂に入っていました。神様にお会いする最善の心備えは神様の御言葉です。皆さんはすでに神様の御言葉に養われていると思います。神様は御言葉を通して私たちに出会ってくださいます。神様が御言葉を解き明かしてくださるからこそ、私たちの信仰は霊感を受け、魂はこの偉大な、そして貴重な約束を通して神様にお会いする備えができるのです。どうぞ皆さん、神様が与えてくださったこれらの約束を自分のものにしてください。そして、この会期中、これらが自分のうちに成就するように、どなたも神様に求めてください。

(2)　彼らは自分を聖別しました。

神様は彼らにご自身の御言葉をお与えになりました。そして彼らは神様にお会いしようと思います。「自分を聖別しなさい。」愛する兄弟姉妹たちよ、私たちもこの約束をいただいていますから、肉と霊のすべての汚れから自分を潔め、神様を畏(おそ)れて潔めを全うしようではありませんか（Ⅱコリント七・一）。「自分を聖別しなさい。」私たちは今ここで主にお目にかかろうとしています。神様はご自身の恵みと愛と力の素晴らしいご目的を私たちに成就しようとしておられます。ですから、いかなる罪の業も振り捨て、疑いを生み出すあらゆるものを振り払いましょう。そして、神様の御前に出ようではありませんか。神様は私たちの心を探ってくださいます。悪しき道があるかないかを示してくださいます。神様に近づきましょう。

この一両日、神様は私たちの心を探り、私たちの霊に光を当て、私たちの日常生活にも光を当ててくださいます。そして、神様のみこころにかなわないものが何かがわかってきます。聖霊がなさる最大の祝福の一つは深い罪の自覚です。どうか、この聖会において深甚な罪の自覚が与えられますように！　時として聖会に出て恵まれたと言いながら、それがその人の魂の中で長続きしないことがあります。それは聖霊によって探られることがなく、聖霊によって罪の自覚が与えられないからです。神様は私たちに近づいてくださいます。ですから、私たちも神様に近づこうではありませんか。

(3)　モーセは神様に会わせようと民を連れ出しました。

おお、なんとそれは厳かで、祝福された時だったことでしょう。神様にお会いするときは、いつもそうなのです。神様は私たちのために道を造られました。今、私たちは神様に近づき、神様にお目にかかることができるのです。この神様に感謝します。

(4)　最後ですが、彼らは神様の栄光を見ました。

「しかし、あなたがたが近づいているのは、シオンの山、生ける神の都……です」（ヘブル一二・二二）。神様は贖い（あがない）の栄光によってご自身のそば近くに私たちを導いてくださいます。今、私たちはそこまで来ています。私たちは注がれた血潮、罪を潔める血潮にまで来ています。新しい契約の仲介者イエス、聖霊によってバプテスマを授ける方のところまで来ています。主との間に何の障壁もないところまで来ています。

旧約の時代、神様と礼拝者の間には垂れ幕がありました。今やそれは取り去られています。今や私たちはイエスの血によって、憚(はばか)ることなく聖所に入ることができます。今や私たちは主ご自身のもとに来ていることを知っています。祝福をいただくために来ています。聖霊が送り出されたところに来ています。神様が御力を現し、潔めをなそうとしておられるところに来ています。新しい契約のところに、そして私たちに仕えてくださるお方、主イエス、神の御子である方のところに来ています。このように、今、私たちは神様にお会いし、交わりをいただくのです。

こうして、私たちは神様の御顔を見、神様の御声を聞き、神様を仰ぎ見、栄光から栄光へ主と同じ姿に変えられていきます。

神様は私たちを招いてくださっています。神様ご自身とお会いするためです。霊も心もからだも明け渡しましょう。主は私たちを捜しておられます。私たちが、主の約束への信仰をもって近づくため、主を崇めつつ礼拝をささげるため、期待をもって主に近づくためです。この招きに応えて主にお会いするとき、主はご自身の御言葉を限りなく豊かに成就され、私たちが願うこと、思うことのすべてにまさったものを与え、私たちを潔め、聖霊をもって、確かに私たちを満たしてくださいます。

『福音』誌より

工藤弘雄　訳

自分を変えていただきなさい

「ですから、兄弟たち、私は神のあわれみによって、あなたがたに勧めます。あなたがたのからだを、神に喜ばれる、聖なる生きたささげ物として献げなさい。それこそ、あなたがたにふさわしい礼拝です。この世と調子を合わせてはいけません。むしろ、心を新たにすることで、自分を変えていただきなさい。そうすれば、神のみこころは何か、すなわち、何が良いことで、神に喜ばれ、完全であるのかを見分けるようになります。

私は、自分に与えられた恵みによって、あなたがた一人ひとりに言います。思うべき限度を超えて思い上がってはいけません。むしろ、神が各自に分け与えてくださった信仰の量りに応じて、慎み深く考えなさい。一つのからだには多くの器官があり、しかも、すべての器官が同じ働きをしてはいないように、大勢いる私たちも、キリストにあって一つのからだであり、一人ひとりは互いに器官なのです。私たちは、与えられた恵みにしたがって、異なる賜物を持っているので、それが預言であればﾞ、その信仰に応じて預言し、奉仕であれば奉仕し、教える人であれば教え、勧めをする人であれば勧め、分け与える人は惜しまずに分け与え、指導する人は熱心に指導し、慈善を行う人は喜んでそれを行いなさい。

愛には偽りがあってはなりません。悪を憎み、善から離れないようにしなさい。兄弟愛をもって互いに愛し合い、互いに相手をすぐれた者として尊敬し合いなさい。勤勉で怠らず、霊に燃え、主に仕えなさい。望みを抱いて喜び、苦難に耐え、ひたすら祈りなさい。聖徒たちの必要をともに満たし、努めて人をもてなしなさい。あなたがたを迫害する者たちを祝福しなさい。祝福すべきであって、呪ってはいけません。喜んでいる者たちとともに喜び、泣いている者たちとともに泣きなさい。互いに一つ心になり、思い上がることなく、むしろ身分の低い人たちと交わりなさい。自分を知恵のある者と考えてはいけません。だれに対しても悪に悪を返さず、すべての人が良いと思うことを行うように心がけなさい。自分に関することについては、できる限り、すべての人と平和を保ちなさい。愛する者たち、自分で復讐してはいけません。神の怒りにゆだねなさい。こう書かれているからです。

『復讐はわたしのもの。
わたしが報復する。』

主はそう言われます。次のようにも書かれています。

『もしあなたの敵が飢えているなら食べさせ、
渇いているなら飲ませよ。
なぜなら、こうしてあなたは彼の頭上に
燃える炭火を積むことになるからだ。』

悪に負けてはいけません。むしろ、善をもって悪に打ち勝ちなさい」（ローマ一二・一〜二一）。

変貌の御業

ここに私たちに対する驚くべき命令が記されています。それは、パウロを通して御霊が与えるご命令です。「自分を変えていただきなさい」（二節）と。実に、私たちに対する主のご目的は、私たちが変えられることです。主は死に、よみがえられました。そして、栄光の御座に上げられました。このことによって、私たちは古い状態から全く変えられ、主がお求めになる姿となることができるのです。

六月になり、池のほとりを歩いていると、小さなカエルの姿に目が留まります。カエルたちは今まさに姿かたちが変えられたところです。数日前までは、あまりきれいでない水の中で、小さな魚の一種として生きていました。しかし今や姿変わりしました。生活のあり方は一変し、新鮮な大気を心ゆくまで吸うことができるようになりました。もう濁った泥水の中ではなく、眩しい陽光の輝きの中に生きています。カエルたちは、外見が全く変化したばかりか、体内の呼吸器官もすっかり造り変えられ、まさに変貌したのです。

かわいいカエルたちは自分の姿を見て、驚いたことでしょう。人間と同じ思考力が少しでもあるならば、どうして自分たちはいま泥水の中にいないのだろうかと不思議に思ったことでしょう。神様の創造の力による驚くべきこの変貌の事実は、自然界の真実の出来事です。カエルたちは全く別の世界に生きるようになりました。これと同じように、神様は私たちに、罪と自己中心の生活から聖霊が支配する喜びと平和の世界に入れるために「あなたがたも変えられなさい」と言われるのです。

御言葉は、御言葉そのものの中に創造の力を秘めています。神の御子が「きよくなりなさい」と言われると、そのようになりました（マタイ八・三）。「起きて床を取り上げ、歩きなさい」と言われると、起きられなかった人が起きて、歩きました（ヨハネ五・八）。神の御子のお言葉に秘められた力のゆえに、それまで不可能であったことが可能となりました。それと同じように、いま主の御言葉は私たちそれぞれに力をもって「自分を変えていただきなさい」と語りかけてくるのです。

ローマ人への手紙一二章二節の御言葉は、もっと強い語調です。「自分を根底から変えていただきなさい」ということです。かつて主イエスご自身、高い山の上で変貌なさいました（マタイ一七章）。栄光がご自身から輝き出て、御顔は太陽のように輝き、御衣はまばゆいほどに白く、職人たちが最高に白くするよりもはるかに白く輝いたのです。主イエスご自身のおからだから、内なる栄光が輝き出て、その御衣も変貌したわけです。

電球に電気が流れていなければ、それは電球のままです。けれども、ひとたび電気が流れると、電球は変貌します。そのように私たちも変えられるようにと神様は命じておられます。主が聖霊をお遣わしになったのは、私たちが全く変えられ、ご自身の輝きをもって輝きわたるためです。

皆さんはみな、虹をご存じでしょう。虹は自然の驚異です。神様の創造の美の一つです。無数の雨粒が降り注ぐところに陽が射すと、虹ができます。太陽の光が雨粒に当たり、雨粒が小さなプリズムとなって、赤・橙・黄・緑・青・藍・紫の七色に変化し、美しい虹を生じさせます。普通の水玉が変貌して、世にも美しい現象を起こすのです。このことは、私たちの目が主ご自身に向けられるときに、主の栄光が私たちを照らし、私たちのうちに変貌の御業がなされるという真理を示しています。

モーセは神様の命令に従って幕屋を造り、種々の器をその中に置きました。そのとき、主の栄光が幕屋に満ちました。それまで幕屋は普通の天幕にすぎませんでしたが、主の栄光が満ちたときに、神の宮と変えられたのです。イスラエルの民らが荒野を旅する間、神様はその幕屋にとどまられました。シェキナの栄光がそこに現されました。幕屋が主の栄光によって変えられ、主のご臨在がイスラエルの民にとって守りとなったのです。

いま御前にいる私たちが自らの心を主に帰するとき、聖霊なる神様のシェキナの栄光は現れ、「心を新たにすることで、自分を変えていただきなさい」という主の命令はたちどころに実現し、結果として私たちは聖霊の力によって根底から造り変えられ、変貌するのです。

変貌された生涯とはどのようなものか

それでは、変えられた生涯とは、私たちにとって具体的にどのようなものでしょうか。

1　まず、私たちが変えられることによって、聖霊の賜物を授けられていることがわかります（三～八節）。神様は私たちに力を与えて、霊の業をさせてくださいます。聖霊の賜物は、「与えられた恵みによって」（三節）それぞれ異なっています。ある者には五タラント、ある者には二タラント、ある者には一タラントが与えられています（マタイ二五・一五参照）。しかしはっきりわかることは、聖霊が来られるとき、何らかの聖霊の賜物が必ず授けられるということです。そしてその賜物は活用されるべきものであるということです。

神様がこの聖会で皆さんを祝福してくださるとき、皆さんは出て行き、与えられた賜物を大いに活用すると信じています。主が願っておられることは、皆さんが自分の教会で、あるいはまだ救いにあずかっていない友人や家族の間で、その賜物を用いることです。主の栄光のため、さらには皆さんにとって表現できない大きな喜びや満足となるために、授けられたその賜物が主の道具として用いられるようにしたいと思います。どんな御用であっても、主の栄光のために働く、神様の御手にある道具であるとは、他に比べようもない大きな喜びではないでしょうか。

2　次に、変えられた生涯とは、そこに聖霊の恵みが伴うものです。九節から二一節で、そうした歩みについての美しい描写がなされています。

(1)兄弟姉妹の間のあらゆる障害物が取り去られています。「兄弟愛をもって互いに愛し合い……なさい」(一〇節)。変えられた生涯は、互いにいつくしみ、愛し合う歩みです。

(2)変えられた生涯は、真に謙遜な歩みです。「互いに相手をすぐれた者として尊敬し合いなさい」(一〇節)。これは生まれながらの性質では不可能な歩みです。生まれながらの性質は、自分を誇り、自らを高める傾向があります。けれども、ひとたび私たちが変えられるとき、へりくだった者とされます。謙遜こそ、聖霊が与えてくださる恵みです。

(3)クリスチャンは、「勤勉で怠らず」(一一節)であるべきです。変えられた生涯は勤勉な歩みです。この社会において、主のために常に向上し、この世にあって、ひたすら主のために燃えて輝く生涯です。

(4)「望みを抱いて喜び、苦難に耐え……なさい」(一二節)。変えられた生涯は、希望にあふれた歩みであり、その表情にも希望の微笑みが浮かぶものです。皆さんが希望をいただいて喜ぶとき、それは目の輝きにもはっきりと表れてきます。たとえ困難や苦難、ときには迫害や失意落胆があったとしても、耐え忍ぶ力が与えられます。

(5) 変えられた生涯は、「ひたすら祈りなさい」(同節) とあるように、徹底した祈りの歩みです。

これらの御言葉はなんと素晴らしく、意味深いものでしょうか。神様が私たちの家庭生活と社会生活をこのように変えてくださるということを示しています。このように私たちは日々の歩みにおいて、世の人々の前で、主のために光り輝くことができるのです。一見、白色の太陽の光が、虹となって何色もの美しい光を放つように、聖霊の美しさの数々がここに現されます。変えられた私たちの生涯は、日常の生活の中で主のために美しく輝くのです。

変貌された生涯に入るためには

それでは、どのようにしてこの変えられた生涯に入ることができるのでしょうか。「心を新たにすることで、自分を変えていただきなさい」(二節) とあります。これは神様の約束と読むことができます。また、次のように記されています。

「私たちをご自身の栄光と栄誉によって召してくださった神を、私たちが知ったことにより、主イエスの、神としての御力は、いのちと敬虔をもたらすすべてのものを、私たちに与えました」（Ⅱペテロ一・三）。

私たちがあるべき存在となり、なすべきことをなすために必要なものはすべて神様によって与えられています。この大いなる尊い約束は、神様が私たちに下さる神様の小切手と言えるでしょう。私たちはこれを現金に換えることができます。神様が私たちに与えようとしておられるものを、私たちはこの小切手で受け取ります。この神様の約束に基づいて、私たちは「欲望がもたらすこの世の腐敗を免れ、神のご性質にあずかる者となる」（同四節）のです。

「この世の腐敗を免れ」は消極的な祝福です。罪から解放されることです。「神のご性質にあずかる者となる」は積極的な祝福です。神様のご性質が与えられ、私たちが新たに生まれた者となり、聖霊の宮となって、私たちの内側から神様の喜ばれる実を結ぶようになるのです。

私たちはまた、神様の御言葉によって、変えられた生涯を送ることができます。パウロはコリント人への手紙第二、三章一八節で、覆いが取り除かれることを語っています。

「私たちはみな、覆いを取り除かれた顔に、鏡のように主の栄光を映しつつ、栄光から栄光へと、主と同じかたちに姿を変えられていきます。これはまさに、御霊なる主の働きによるのです。」

神の御霊の光の中で私たちが主の御言葉を思い巡らすとき、主の約束は私たちのものとなり、約束された主の恵みにあずかることができ、栄光から栄光へと、主と同じかたちに姿を変えられていくのです。私たちが変えられた生涯を送ることができるのは、約束の御言葉に固く立つことによってです。神様の約束に立ち、神様が与えようと備えておられる救い、すなわち、「ご自分によって神に近づく人々を完全に救うことがおできになります」（ヘブル七・二五）とある「完全な救い」、そして御言葉が示す神様の救いの栄光と、その力を見続けるとき、私たちは、栄光から栄光へと、主と同じかたちに姿を変えられていくのです。

パウロはローマ人への手紙の前半で、驚くべき神様のあわれみについて記します。五章で「私たちは信仰によって義と認められたので、私たちの主イエス・キリストによって、神との平和を持っています」（一節）と語り、「私たちがまだ罪人であったとき、キリストが私たちのために死なれたことによって、神は私たちに対するご自分の愛を明らかにしておられます」（八節）と述べています。六章では、クリスチャンの心の中に常にあるきわめて実際的な疑問、「恵みが増し加わるために、私たちは罪にとどまるべきでしょうか」（一節）に答えています。パウロは、私たちが主の十字架によって罪から解放され、主のよみがえりによって新しいいのち、すなわち、変えられた生涯に歩むことができると述べています。そして、私たちは罪から全く救われ、「罪があなたがたを支配することはない」（一四節）と言い切ります。

この約束を常に私たちの確信としようではありませんか。

八章では、内に住んでくださる御霊が私たちに与えられると述べられます。「キリスト・イエスにあるいのちの御霊の律法が、罪と死の律法からあなたを解放したからです」（二節）。聖霊が内に住んでくださることによって、私たちは神様を「私たちのお父様」とし、自由に「アバ、父」（一五節）と呼ぶことができます。私たちの神様がお父様であり、真実な方であり、そして私たちのような者をご自分の家族として迎えてくださったことを覚えながら、聖霊によって、祈りの中で何でも申し上げることができるのです。

このように、パウロは、神様のあわれみを一つ一つ数えてきました。そして、私たちがこうした神様の恵みを理解し、信じていることを前提として、次のように勧めます。

「ですから、兄弟たち、私は神のあわれみによって、あなたがたに勧めます。あなたがたのからだを、神に喜ばれる、聖なる生きたささげ物として献げなさい。それこそ、あなたがたにふさわしい礼拝です」(一二・一)。

帰するところは、神様への献身です。神様のあわれみがあり、それを知っているので、私たちは主に自らを献げます。そしてそれこそが私たちに「ふさわしい礼拝」であるといいます。私たちは主にますます引き寄せられ、主と一つになることを切望せずにいられなくなり、「私の愛する方は私のもの、私はあの方のもの」(雅歌二・一六)と告白するようになるのです。

おお、兄弟姉妹。私たちは神様のあわれみを見てきました。そして今、愛のうちに主に引き寄せられています。主は地上を去るにあたり、愛をもってご自分の最高の賜物、すなわち助け主、慰め主を遣わされました。それゆえ、私たちは、自分のからだを聖なる生きたささげ物として献げます。それこそが私たちに「ふさわしい礼拝」です。そのとき、「神のみこころが良いもので、受け入れられるものであり、そして完全なものであることをわきまえ知る」のです(ローマ一二・二、英欽定訳)。

私たちはいつも、神様のみこころが良いものであることを知りたいと思います。それとともに、それが私たちにとって受け入れられるものであることを知り、喜びたいと思います。さらに、それが完全であることを知りたいと思います。私たちが自らを神様に献げるときに、聖霊は私たちを変え、神様のみこころに生き続けるようにしてくださいます。

祝福が伴う変貌された生涯

ギュイヨン夫人〔一六四八～一七一四年〕は、「私の愛する神様のみこころはなんと甘美なことでしょうか」とうたいました。彼女は非常に大きな試練や迫害、苦難に直面しても、獄中でこううたいました。「幼子が母の懐に抱かれるように、私の身もみこころの中に憩います」と。

そうです。神様のみこころこそ、私たちの安息と愛と慰めと満足の場です。神様は、私たち一人ひとりがご自分のみこころの中に自らを投げ出すことを求めておられます。神様のみこころは、私たちの光、私たちの満足、また私たちのいるべき場所です。私たちが変貌の山を降るとき、主のみこころが私たち一人ひとりのうちに実現していきます。そして私たちの歩みの至るところに、神様の豊かな祝福が伴います。神様との親しい交わり、深められていく祈りの生活、御言葉への洞察力、救霊の力、私たちの周りにいる人たちに救いの道を説き明かす力などです。神様のみこころが私たちの安息の場となっていれば、こうした祝福が伴います。

『福音』誌より

私たちの生涯は、このように変えていただけるのです。

（一九三四年〔昭和九年〕六月、英国スウォニックにおける日本伝道隊年会聖会にて）

（『福音』四一七～四一九号、一九八四年〔昭和五十九年〕九～十一月）

聖書的きよめ

私たち罪人は、恩寵によって救われて、きよめの生涯へと召されています。主イエスの十字架と復活において、聖霊のご降臨において、すべての準備は整えられ、そのことによって人間は救われるだけでなく、この地上において生きている間にでも、全きききよめが十分になされるのです。私たちはただ神様との和解を得ることで満足するのではなく、神様が差し出してくださる最高の恵みを、進んで自分のものにしようとの聖なる願いをもつ必要があります。このことは非常に大切なことです。それゆえ、聖書をよく調べ、神様が私たちに差し出してくださるこの恵み、私たちを召して喜びに満たそうとしておられるこの恵みが、どのようなものであるかを知りたいと思います。

このことのために、私たちは二つのことに注意する必要があります。

一つは、私たちは疑いと不信仰に陥ってはならないということです。神様は、私たちの魂の中に驚くべき御業をなそうとしておられます。私たちは、イスラエルの聖な

『福音』誌より

るお方を信じず、その御働きを制限するというようなことをしてはなりません。多くの人たちがキリストの恵みに満たされないのは、不信仰のゆえです。

もう一つは、妄信を避けるということです。妄信に走るときに、私たちは神様の言葉の外へ出てしまいます。あらゆる非現実的なことを慎まなければなりません。私たちが実際に経験していないことを考えて、証しをするべきではないのです。

何がきよめではないか

私たちは、きよめの性質を間違って考えてはなりません。たとえば、次のようなものは、きよめではありません。

(1) 絶対的完全。これは、アダムとエバが罪を犯す前にもっていたものです。二人は霊も魂も完全、精神も完全、肉体も完全でした。神様の御旨を完全に知り、みこころを完全に行うことができました。罪を犯してから、全人類は霊も魂も精神も判断も堕落し、肉体も堕落してしまいました。神様は心をきよめてくださいます。けれども、罪のゆえに死毒の傷の跡は残っています。ですから私たちは、この肉体にあっては、神様に完全にお仕えすることができません。私たちのあらゆる行為は、完全からは程遠く、足りないものです。それでキリストの血潮のきよめを常に必要とするのです。

(2) きよめは、誘惑にあわない人間にするものではありません。アダムとエバは完全な状態であったときでも、誘惑にあいました（創世三章）。天の御使いたちも誘惑され、その中に堕落した者らがいました（ユダ六節）。神の御子もこの地上において誘惑にあわれました（マタイ四章）。きよめは、人を誘惑に無縁な者とするのではなく、それに打ち勝つ勝利を得させるものです。

(3) きよめは、罪のない完全ではありません。人を恩寵から堕ちないようにするものではありません。どんなに恩寵の中に生きていても、堕落しないというわけではありません。堕落の危険性が増せば増すほど、恵みが増し加わることを知ります。ですから、自分で立っていると思う者は、倒れないようにしなければなりません（Ⅰコリント一〇・一二）。

(4) きよめは、私たちが判断を誤らない人間になることを意味しません。私たちはきよめられても、なお非常に倒れやすいものです。判断も誤りやすいのであり、間違いに陥りやすいのです。

(5) きよめは、これ以上進むことのない状態、これ以上求める必要のない高い恵みに至らせるものではありません。むしろ、恵みによる成長を自然とし、容易にするために、高慢と不信仰を心の中から除くことを意味します。

きよめとは何か

では、聖書が教えるきよめとは何でしょうか。私たちが経験できる「全き救い」（完全な救い）とは何でしょうか（ヘブル七・二五）。

(1) それは、すべての不義からのきよめです（Ⅰヨハネ一・九）。犯した罪がただ赦されるだけではありません。

(2) それは、肉と霊の一切の汚れからのきよめです（Ⅱコリント七・一）。

(3) それは、罪に対しては死に、新しいいのちに歩むことです（ローマ六・四〜一一）。

以上の御言葉は、心と性質の中にある罪からの真に実際的な解放、救いを示しています。神様が私たちを助けて、罪に勝たせてくださること以上のことを表しています。それは、きよい心を意味し、内なる心の純潔と心のうちの思いと動機の本源の癒しです。

また、聖霊を受け、心のうちに住まわせることを意味します。この聖霊が心のうちにキリストを現し、それによって私たちは、「もはや私が生きているのではなく、キリストが私のうちに生きておられるのです」（ガラテヤ二・二〇）と証しすることができるのです。

きよめの結果

この恵みの結果は、以下のとおりです。

(1) 神様の掟に従って歩み、神様の定めを守り行う力を与えられます（エゼキエル三六・二七）。神様に従い、神様を喜ばせる力です（ローマ八・四）。きよめとは、神様をいつも喜び、絶えず祈り、すべてのことにおいて感謝する生涯です（Ⅰテサロニケ五・一六～一八）。

(2) 心から神様を愛する愛を与えられます（申命三〇・六）。愛に逆らうすべてのことは「割礼を施」され（切り落として取り除かれ）、神様の愛が心の隅々にまで注ぎ入れられます。

(3) 人を愛するきよめられた愛を与えられます（Ⅰコリント一三章はその型です）。きよめを標榜している人に対して、世の人々が期待し、望んでいるものは、このきよめです。それは、きよめにあずかった者が、自分のために生きず、自らを捨て、自分が所有するものをすべて献げて、隣人の幸せのために生きる生涯です。

きよめを得る道

きよめは、赦しと和解を受けることよりも、さらに深い経験です。生まれ変わりの恵みを確かにいただいた人たちの多くが、こうした心の純潔をいまだに経験していないようです。

これは、新生の後に受ける恵みです。「あなたがたが子であるので」(ガラテヤ四・六) 受けるのであって、子となったときに受けるものではありません。新生していない人は救いを受けられますが、聖霊を受けることはできません(ヨハネ一四・一七)。イスラエルの民のかつての姿でいうならば、エジプトから救い出され、その後、ヨルダン川を渡って、約束の地に入るということです。それゆえ私は信者一人ひとりにお尋ねしたいと思います。「あなたがたは信じた後に、聖霊を受けましたか」(使徒一九・二、英欽定訳)と。

きよめは、成長の結果ではありません。罪の力の中にとどまっているときに成長はありません。きよめは、神様が授けてくださる恵みの賜物であり、神様の大いなる創造の力によって与えられるものです（詩篇五一・一〇には「神よ 私にきよい心を造〔ってください〕」とあります）。それは、十字架の上で完全な贖いがなされたことによります。サタンの力は十字架で打ち破られました。ですから私たちは、単純な信仰によってきよめを受けることができるのです（ガラテヤ三・一四）。聖霊は神様の御言葉を通して、そのことを私たちに証ししておられます。

きよめは、信仰によって今ここで受けることができます。そして、それが真実で健全な恵みの成長の始まりとなります。枝はぶどうの木につながり、その幹から流れてくる樹液を間断なく受けます。その結果、枝は生長し、実を結ぶようになります。きよめを受けて、クリスチャンは、神様を畏れ、きよい生涯を全うします。その信仰は成長し、人々に対する愛はあふれるのです。霊的に「子ども」の状態から、霊的に「若者」となり、さらに進んで、成熟した霊的な「父」にまでなるのです。このようにして、その人は、栄光から栄光へと、キリストと同じかたちに姿を変えられていくのです（Ⅱコリント三・一八）。

（『福音』四二六号、一九八五年〔昭和六十年〕七月）

『霊泉』誌より

西條彌一郎 編

心を新たに

皆さんから愛のこもった歓迎のお言葉をいただき、またこの伝道館いっぱいに集まっておられる皆さんに、温かい心をもって迎えられたことを、どんな言葉をもって感謝してよいかわかりません。

私はこの集まりの前、ここに来て、この腰掛けを見、ここでいかに大いなる神様の御業が行われたことかを思い起こして感謝していましたが、続々とお集まりくださるのを見て、なんとも言えない喜びを覚えました。

長い間、私が奉仕した国であり、また長い間、神様の御前に祈っていた国に、もう一度来ることができたことは、私の生涯で驚くべき出来事です。一昨日船が港に近づいたとき、賛美歌を歌いつつ、数百の皆さんに迎えられた光景は、船の中にいた人たちを驚かせました。これは、この国に来た親しい友を迎えるクリスチャンの群れであることを知ったとき、大いなる感動でした。その群れが船の中に入って来て、皆さんから温かい愛の言葉を与えられたときに、何とも言えない感激に満たされました。

また、先ほど語られた歓迎のお言葉により、前に私が日本にいたときに神様がいかに恵みを与えてくださったかを思い起こしました。そのときはどんなだったでしょうか。そのときには小さいものでしたが、エゼキエル書四七章にある神様の川のように、ますます深く、ますます広くなって今日に至ったと思います。

数週間前にナイアガラの滝を通って来ました。私がこの滝を初めて見たのは四十七年前でしたが、その後幾度も見ました。少しも変わらず滔々（とうとう）と水が落ち続けています。これは神様の御霊が注がれているあり様を思わせます。ペンテコステの日から今日に至るまで少しも変わりません。今日も同じです。しかも、私たちを救おうとし、潔めようとして待ち構えておられます。

神様が過去においてお用いになったメッセージは、十字架と聖霊です。この血と御霊の御力によって、心を潔め、潔（きよ）い心を与え、また必要なすべてのものを与えてくださいました。これは今も少しも変わりません。十字架と御霊は少しも変わらない生けるメッセージです。英国においても、いずれの地においても同じことです。

皆さんのうち、多くの人は主の潔める力を求めたことでしょう。これによって満ち足りたことでしょう。今なお満り足りていないならば、今晩お求めなさい。心を一つにして新たに恵みをお求めなさい。パウロがローマの教会の人たちに手紙を出して、恵みを新たにするようにと勧めています。ローマ人への手紙一五章三二節をご覧なさい。

「また、神のみこころにより、喜びをもってあなたがたのところに行き、あなたがたとともに、憩いを得ることができるように、祈ってください。」

この「憩いを得る」の英訳には、「新鮮、爽やか」といった意味合いがあります。私も同じように皆さんのもとに遣わされて、新たに爽やかにさせられるのは、まことに嬉しいことです。

私はカスバルトソン先生の家の、私のために備えられた部屋に入って、「われ新たな事をせん」（イザヤ四三・一九、英欽定訳）との御言葉を見て、私に与えられた御言葉と同じであることを思い出して感謝しました。

神様はそれぞれを爽やかにしようとしておられます。御霊を注いで、皆さんを新鮮にし、力を注ぎ、愛を現されます。御霊を注ぎ、霊を新たにしてくださるとき、御言葉の光を与え、新しい導きを与え、御言葉を愛する愛が注がれます。御言葉を聞くとき、神様の御声を聞くようにしてくださいます。

かつて日本で聖会をもったときを思い起こしますが、その終わりに一人の兄弟が証しの中で、「今回の聖会で、聖書を慕うこと、心の中で賛美すること、新しく祈りの霊が注がれたこと」を話されましたが、これは今日も同じことです。聖霊に近づくときに、そのような恵みが与えられます。この恵みを与えてくださるときに、聖書を通して神様と交わることも、神様が語ってくださいます。多くの信者は神様の御言葉を失っています。失っているといっても、その手から聖書を離しているのではありません。聖書を通して神様との交わり、神様と語ることを失って、御言葉が無味乾燥なものとなっているのです。

『天路歴程』で、「クリスチャン」は十字架のもとに来て、重荷を一気に落として身軽になったとき、天使から巻物を与えられ、これを胸に抱きしめてあずまやへ行きましたが、そこは心地の良いところで、つい眠ってしまいました。目が覚めると、大切な巻物を失っていたとあります。これは今日の信者においても同じではないでしょうか。

これが皆さんの経験であるなら、今晩神様に近づき、新たにしていただいてください。聖霊は皆さんを新たにし、主イエスにあって喜ぶことを得させてくださいます。また主を愛する愛を新たにしてくださいます。それから人々に対する愛の心をも新たにしてください。

愛する兄弟姉妹よ。この楽しい集まりの終わりに、心をあらためて探り、これらの一つでも失っていることを知ったなら、これを回復していただくように願いなさい。神様に近づいて、罪や汚れを離れ、新たになってください。

（一九三七年〔昭和十二年〕六月一日、新開地伝道館での来日歓迎集会で）
（『霊泉』五二号、一九三七年〔昭和十二年〕昭和十二年七月）

信仰のリバイバル

「**主**の御手が私の上にあった。私は**主**の霊によって連れ出され、平地の真ん中に置かれた。そこには骨が満ちていた。主は私にその周囲をくまなく行き巡らせた。見よ、その平地には非常に多くの骨があった。しかも見よ、それらはすっかり干からびていた。主は私に言われた。『人の子よ、これらの骨は生き返ることができるだろうか。』私は答えた。『**神**、主よ、あなたがよくご存じです。』主は私に言われた。『これらの骨に預言せよ。「干からびた骨よ、**主**のことばを聞け。**神**である主はこれらの骨にこう言う。見よ。わたしがおまえたちに息を吹き入れるので、おまえたちは生き返る。わたしはおまえたちに筋をつけ、肉を生じさせ、皮膚でおおい、おまえたちのうちに息を与え、おまえたちは生き返る。そのときおまえたちは、わたしが**主**であることを知る。」』

私は命じられたように預言した。私が預言していると、なんと、ガラガラと音がして、骨と骨とが互いにつながった。私が見ていると、なんと、その上に筋がつき、肉が生じ、皮膚がその上をすっかりおおった。しかし、その中に息はなかった。そのとき、主は言われた。『息に預言せよ。人の子よ、預言してその息に言え。「**神**である主はこう言われる。息よ、四方から吹いて来い。この殺された者たちに吹きつけて、彼らを生き返らせよ。」』私が命じられたとおりに預言すると、息が彼らの中に入った。そして彼らは生き返り、自分の足で立った。非常に大きな集団であった」(エゼキエル三七・一〜一〇)。

ここに教えられているのは、信仰の復興を求めることです。神様のみこころにより私たちが信仰を復興することは、神様の聖霊をもって働くことに目覚めることです。人の働きでは成し遂げることのできない復興、すなわち新しい復興を与えられることです。

この箇所をよく見てみると、「息よ、吹いて来い」とあり、これは「聖霊よ、来てください」という祈りです。私たちが自分で個人的に動かすことのできない大群衆に対して働きかけるための招きです。聖霊が働かれるとき、「風は思いのままに吹きます」(ヨハネ三・八)と言われます。この「息よ、吹いて来い」という祈りは、私たちに対する聖霊のお招きであるだけでなく、ほとんど命令の言葉とも言ってよいものです。聖書の他の箇所には、これについて「わたしに命じなさい」との言葉をお用いになっています。神様は、私たちが祈るときに、驚くべき力が与えられることを知らせようとしておられます。「この群衆の上に息を吹いて来させてください」という、大胆な祈りをさせてくださいます。

この前の章を見ると、「わたしがきよい水をあなたがたの上に振りかけるそのとき、あなたがたはすべての汚れからきよくなる。わたしはすべての偶像の汚れからあなたがたをきよめ、あなたがたに新しい心を与え、あなたがたのうちに新しい霊を与える。わたしはあなたがたのからだから石の心を取り除き、あなたがたに肉の心を与える。わたしの霊をあなたがたのうちに授けて、わたしの掟に従って歩み、わたしの定めを守り行うようにする」(三六・二五〜二七)とあります。特に二七節は、神様が私たちそれぞれに約束を述べておられるところで、私たちおのおのに聖霊を与えて住まわせてくださるということです。聖霊が私たちのうちに住むときに、私たちの霊の目が開かれて、周囲のあり様を明らかに見ることができるようになります。

このことは三七章において私たちの知るところです。一節に「主の御手が私の上にあった」とありますが、これは聖霊が内に宿り、とどまって、その働きをお始めになったことです。この章がこのように聖霊が働きを始められたところから始められているのは大切なことです。それぞれがリバイバルのために祈ろうとするならば、このように神の聖霊がおのおのに注がれ、とどまるという確信の中で始めるべきです。もしも人々が救われることを望むならば、それは聖霊のお働きを待つよりほかはありません。私たちが聖霊を求めるならば、それを注がれた経験をもつ必要があります。

神様の御手が臨み、導き出されて、エゼキエルは世の中の真の姿を見せられました。二節に、「主は私にその周囲をくまなく行き巡らせた。見よ、その平地には非常に多くの骨があった。しかも見よ、それらはすっかり干からびていた」とあります。私たちは、周囲の人々の状態が神様の前にどのようであるかを知らなければなりません。これは実際、私たちが周囲の人々のために常に熱い祈りをささげ、求めているかどうかを探るために示されたものです。私たちが周囲の山に登って、町のために熱い祈りをささげるときに、その町の真の姿を神様は示してくださいます。

エゼキエルの時代のイスラエルの人々は非常に心を開いており、また多くの者が熱心であったと思われますが、神様の御目からすれば、干からびた骨にしか見えませんでした。それはどうしてでしょうか。彼らには罪の意識がなかったからです。神様への信仰が欠けていました。神様の愛に対する思いがありませんでした。神の国についても、また地獄についても、この人たちは知らなかったのです。「すっかり干からびていた」とありますが、これは永続する力もなく、飢え渇きもなく、愛のない状態です。私たちは神様の御言葉を通して、この人たちの状態を知ることができるのです。

かつてエゼキエルに対して罪の世の真の姿を知らせたように、今、神様は私たちの目を開いて、今の世の真の姿を知らせようとしておられます。今の世の真の姿は、エペソ人への手紙二章一～三節にあるように、人々は罪の潮流に押し流されて、これに逆らう力を失っています。この三節に、「自分の肉の欲のままに生き、肉と心の望むことを行い」とありますが、これこそは神様の「御怒りを受けるべき子ら」の姿です。これは実に恐るべき姿ではないでしょうか。

しかしながら、この真の姿を知らされたならば、私たちはこのことのために重荷を負って祈るべきです。福音をもたない人々の状態は、エペソ人への手紙二章一二節のように、「望みもなく、神もない」歩みです。エゼキエルが当時の人々のあり様に心を留めたように、私たちも今の世のあり様に大きな重荷を感じて祈らなければなりません。

神様がエゼキエルに幻を見せられたとき、彼に質問をお出しになりました。神様は私たちに対しても、しばしば同じような質問を出されます。三節、「人の子よ、これらの骨は生き返ることができるだろうか」と。神様がこのご質問を出したのは、エゼキエルが世の中の真の姿を知って、はたしてどうするかとお考えになったからです。神様は私たちにも同じように迫ってこられます。けれども、私たちはこの世の姿を知って、いったい何ができるでしょうか。何もできないのではないでしょうか。

「人の子よ、これらの骨は生き返ることができるだろうか。」この質問に対して、「主よ、もちろん生き返ります」と答える人もいるでしょう。その人は、「主よ、もちろん生き返ります。やがて命へと導かれます」と答えるでしょう。しかし、もし私たちが今一歩進んで考えるならば、これらの骨が簡単に生き返ると述べるのは甚だ浅薄な考えに基づいているのではないでしょうか。世の中の教育によって、学問によって、これらの骨に命を与えるのは不可能です。最近発明された優秀な電気機械によって可能であると言う人もいるかもしれません。なるほど電気のかかっている間は骨も動くでしょう。しかしそれは決して長く続くものではありません。なぜなら、それには命がないからです。

神様が今一度、「これらの骨は生き返ることができるだろうか」と問われたとき、「これは生き返りません」と答える人もいるでしょう。「この人々には知識がないので、迷信に満たされているので、生きる望みはありません」と言うでしょう。このような重大な問いに直ちにこう答える人は、干からびた骨の状態の中に、死があることを知らないのです。

エゼキエルはこの問いに、「**神**、主よ、あなたがよくご存じです」と答えました。これは「神様にはおできになっても、人間には不可能です」という意味です。聖霊はエゼキエルに対して、この問いが実現して、神様が働いてくださることを教えられました。ですから、神様の伝道者は、たとい人には不可能に見えても、なお望みを抱いて、その中で働くことができるのです。

エゼキエルは、自分自身は足らない者で、何一つできないけれども、神様にはすべてのものが満ち満ちている、そして神様の御旨は、この干からびた骨をこのような死の状態から、天の命に生き返らせることであると知っていたのです。

次に、神様のご命令は、「これらの骨に預言せよ。『干からびた骨よ、**主**のことばを聞け』」（四節）というものでした。ある人は、これらの死んでしまった骨に伝道することほどばかげたことはないと思うでしょう。けれども、神様が私たちに知らせようとしているのは、私たちの知識や学問や雄弁ではなく、伝道によってこれらの骨に命を与えることができる、背後に働かれる聖霊によって成就するということです。

皆さんが近所の町に遣わされて、福音を宣べ伝えるように導かれたとしましょう。人々が皆さんの説教を聞くために集まって来ます。もちろん、皆さんは自分が雄弁でないこと、また興味深い話をして彼らに感動を与える力のないことをよく知っているでしょう。しかし、皆さんが伝道するときに、聖霊が働いて、聞く人々に奇跡を行ってくださるのです。

私たちが雄弁であるかないかは問題ではありません。ただ最も大切なことは、皆さんがキリストの福音をもっているかどうかです。今日ここに多くの説教者がいますが、真のキリストの福音でないものがたくさんあることを知ってください。よく注意して、神様の御言葉の中から単純な福音を伝えてください。単純な福音のみが人々を生き返らせて、神様に導く力があるからです。

ここに二人の医者がいるとしましょう。一人の医者が、「私の患者を治すために良い薬はないものだろうか」と言います。もう一人が、「非常に良い薬が最近できて、その病にはとてもよく効くようだ」と言います。それで「どうかその薬のことを私に教えてくれ。これまで使った薬は全く効かないが、その薬を少しこれに混ぜて用いてみよう」と言いました。皆さん、このようにするのは無駄なことです。なぜなら、良い薬があるなら、別に他の薬に混ぜなくても、その薬だけで十分だからです。

皆さんは処方箋を持って行って、薬局で薬をもらうでしょう。薬局で、この処方箋の薬はここでは揃わないので、これに似た薬を調剤しましょうと言われたら、どうでしょうか。皆さんは安心して、その薬剤師が調剤した薬をもらうでしょうか。処方箋にある薬を得るために、別の薬局へ行くこともあるのではないでしょうか。皆さん、よく気をつけてください。神様は私たちの手に、人々を救う薬として、キリストの福音を授けておられます。この福音のみが人々を救うことができるのです。

七節を見ると、神様の御言葉に従って命令したときに、不思議なことが起こったと記されています。八節には、「私が見ていると、なんと、その上に筋がつき、肉が生じ、皮膚がその上をすっかりおおった。しかし、その中に息はなかった」とあります。皆さんも、伝道の結果、不思議な業が起こるのをしばしば見ることがあるでしょう。人がすぐに感動するのを見ることもあるでしょう。けれども、はたしてそのうちに命があるでしょうか。ですから、神様は私たちを祈らせるのです。

九節に、「人の子よ、預言してその息に言え」とあります。エゼキエルは、聖霊がこの人たちの上に注がれて、生き返ることを祈りました。その祈りが不思議に応えられて、あの干からびた骨全体が聖霊によって燃えるもののようになっているのを見ます。これは、この人々がようやく生きて、動き始めたということではありません。兵隊のように力強く立ち上がり、働いているのを見るのです。

神様が私たちにお求めになるのは、私たちが神様の兵隊として勇ましく働くことです。神様がお望みになるのは、干からびた骨の中から、聖霊に満たされた多くの人たちが起こることです。ここにリバイバルの秘訣を学ぶことができるのです。皆さんがこれを心に深く留めることを望みます。①罪人の真の姿を知らされるために祈り求めていただきたいのです。②そして単純な福音とはいかなるものであるかを知って、それを宣べ伝えていただきたいのです。③宣べ伝えられた人々に聖霊が豊かに注がれるように祈り求めていただきたいのです。もし私たち一人ひとりが聖霊に満たされていないならば、リバイバルのために用いられることはできません。

皆さんの中に、神様にある歩みにおいて実を結んでいないない人がいるならば、神様はその人に対して悔い改めを促しておられるかもしれません。また、実を結ばせていただいている方々に対しても、神様はさらに多くの実を結ぶことを望んでおられます。

今朝、このお話により、神様が何かビジョンをお示しになったならば、そのために祈っていただきたいと思います。それにとどまらず、聖霊を受けるまで祈っていただきたいと思います。この朝、私の言葉でなく、神様の御言葉によってこれらのことが実現されるまで、熱心に祈っていただきたいのです。

（田村義保筆記）

（一九三七年〔昭和十二年〕六月、山陰聖会、日本聖公会米子聖ニコラス教会にて）

（『霊泉』六〇号、一九三八年〔昭和十三年〕三月）

聖霊の宮

「コリントの人たち、私たちはあなたがたに対して率直に話しました。私たちの心は広く開かれています。あなたがたに対する私たちの愛の心は、狭くなってはいません。むしろ、あなたがたの思いの中で狭くなっているのです。私は子どもたちに語るように言います。私たちと同じように、あなたがたも心を広くしてください。

不信者と、つり合わないくびきをともにしてはいけません。正義と不法に何の関わりがあるでしょう。光と闇に何の交わりがあるでしょう。キリストとベリアルに何の調和があるでしょう。信者と不信者が何を共有しているでしょう。神の宮と偶像に何の一致があるでしょう。私たちは生ける神の宮なのです。神がこう言われるとおりです。

『わたしは彼らの間に住み、また歩む。

わたしは彼らの神となり、

彼らはわたしの民となる。

『霊泉』誌より

それゆえ、彼らの中から出て行き、
彼らから離れよ。
――主は言われる――
汚れたものに触れてはならない。
そうすればわたしは、あなたがたを受け入れ、
わたしはあなたがたの父となり、
あなたがたはわたしの息子、娘となる。
――全能の主は言われる』」(Ⅱコリント六・一一～一八)。

このところの意味は、神様がご自分の住みかとして私たちの心の中に住んでくださるということです。これは私たちの驚くべき特権です。天における最上位の御使いすらも、この特権にあずかることはできません。
神様の願いは、聖霊が私たちの心の中に住み、私たちを治めてくださることです。この六章一一節以下で、パウロはコリントの人たちが聖霊による信仰生活を送っていないのを見て、「あなたがたの思いの中で狭くなっているのです」と言っています。聖霊によって非常に豊かで富める生涯を送る代わりに、非常に貧しい歩みをしている

のを見たからです。

もしここに大金持ちの人がいて、ひどい服を着て、貧しい生活をしているとすれば、それはどこかおかしいと言えるでしょう。信者の中には、それと同じように、きわめて貧しい信仰生涯を送っている人がたくさんいます。神様は私たち一人ひとりにあふれる愛と大いなる富を備えておられます。このような愛と富を備えられていながら、しばしば罪に負けて、狭く薄暗いクリスチャン生涯を送っている人がいます。パウロはこのような人々に対して、「あなたがたも心を広くしてください」と言っているのです。

パウロのこの言葉は、私たちの心にも当てはめてみる必要があるのではないでしょうか。私たちはお互いにもっと心を広くし、信仰を大きくもとうではありませんか。愛を大きくしていただこうではありませんか。もっともっと広く大いなる信仰生涯に入り、純粋に燃えて、多くの人々を神様に導きたいと思います。

私たちクリスチャンの中には、『天路歴程』の「クリスチャン」のように、栄光の御国を望んで歩み進みながら、ややもすると道に迷って、トンネルの中のような暗く狭い所にいる人がいます。パウロはこのような人々に対して、「トンネルから出なさい。そうすれば広々とした明るい所で呼吸をすることができます。暗闇の中から輝く栄光の国へ、広く豊かな世界に出て行きなさい」と勧めているのです。「あなたがたも心を広くしてください」と。こうすることによって私たちは神様の恩寵を深く味わうことができるだけでなく、多くの人々に神様の栄光を仰がせ、救いに導くことができるのです。

ここに、非常に熟練した技術をもつ自動車会社で製造された素晴らしい自動車があるとします。このような立派なエンジンなら、速く走ることができます。ところが運転してみると、大した速力が出ません。なぜでしょうか。優秀な自動車ですが、整備をまったくしていなかったからです。埃(ほこり)だらけで、機械の調子が悪くなっていたのです。

神様に造られた者として、多くの人を神様に導く大いなる力が与えられているにもかかわらず、この自動車のような状態になっていないでしょうか。神様は私たちに対して、「あなたがたは神の宮、聖霊の宮です」と言ってくださいます。私たちの心の中にこの御言葉が実現するならば、その生涯は潔(きよ)いものとなり、力に満たされたものとなることができるのです。

コリント人への手紙第一において、二か所ほど私たちが聖霊の宮、神の宮であることを示しているところがあります。

「あなたがたは、自分が神の宮であり、神の御霊が自分のうちに住んでおられることを知らないのですか。もし、だれかが神の宮を壊すなら、神がその人を滅ぼされます。神の宮は聖なるものだからです。あなたがたは、その宮です」（三・一六～一七）。この一七節を見ると、「神の宮を壊す」とありますが、これは私たちが自分自身の心を汚すことです。私たちが汚れた悪い思いを心の中に蓄えているならば、神の宮を汚すこととなるのです。私たちの心の中に神様以外に愛するものをもつならば、それは神の宮を汚すこととなります。悪しきことを思い続け、また悪しき読み物を読むならば、それは神の宮を汚すことです。

しかし、主は私たちの心の中を聖霊が住むのにふさわしく潔めてくださいます。主が地上におられたとき、神の宮を潔められたことがありました。そこにある悪しきものを追い出されました。そして、「わたしの父の家を商売の家にしてはならない」（ヨハネ二・一六）と言われました。宮を潔めたこのことは、今日私たちの心の中になされることの型です。私たちの心の中にある悪しきものをすべて追い出して、潔くしてくださるのです。

イスラエル人の歴史を見ると、エルサレムの神殿が悪に満ち、汚れていたことがあるのを知ります。聖霊に満たされた王が位に就いているときには、この神の宮で聖なる礼拝がもたれていました。それは第一に、宮を潔めていただき、汚れを追い出すということでした。そして、崩れを修理し、全体が今一度美しく、うるわしい宮となりました。キリストが私たちのためになしてくださることは、このように私たちを潔め、洗ってくださることです。

「愛する者たち。このような約束を与えられているのですから、肉と霊の一切の汚れから自分をきよめ、神を恐れつつ聖さを全うしようではありませんか」（Ⅱコリント七・一）。パウロが私たちに勧めたのは、肉と霊とのすべての汚れから自分自身を潔めなさい、ということでした。私たちは毎年大掃除をします。雑巾、石鹸、洗剤を用いて、部屋の隅々までふいて、きれいにするでしょう。そのように、聖霊は私たちの心を潔めてくださいます。聖霊は大いなるものをもって、私たちの心を潔めてくださいます。それはキリストの尊い血潮です。そして、「私たちの中に潔い心を創造してください」という祈りに応えてくださいます。私たちが神の宮、聖霊の宮であることを望むならば、私たちの心が潔くなければなりません。宮が潔くなっていなければ、聖霊はお住みにならないのです。

特に注意すべきことは、コリント人への手紙第二、六章一七節に、「彼らの中から出て行き、彼らから離れよ。……汚れたものに触れてはならない」と言われていることです。このご命令は、私たちが生ける神の宮とされているゆえのものです。

もう一か所、神の宮、聖霊の宮とされていることについて示されているところがあります。コリント人への手紙第一、六章一九～二〇節です。「あなたがたは知らないのですか。あなたがたのからだは、あなたがたのうちにおられる、神から受けた聖霊の宮であり、あなたがたはもはや自分自身のものではありません。あなたがたは、代価を払って買い取られたのです。ですから、自分のからだをもって神の栄光を現しなさい。」私たちは主の尊い血潮をもって贖（あがな）われた者ですから、私たちの身は私たち自身のものではなく、主のものです。ですから、そのことを知ったならば、自分自身を喜ばせることをせずに、世のため、人のために生涯を送るべきです。

ここで特に、私たちに対する神様の求めは、私たちが真に神様のものであることを自覚することとです。本当に神の宮としての経験をするうえで、私たちに必要なことが二つあります。一つは潔められることとです。もう一つは信仰です。

私はこれから、神様の約束を信じ、主を信じることについて申し上げたいと思います。

「神の宮と偶像に何の一致があるでしょう。私たちは生ける神の宮なのです。神がこう言われるとおりです。『わたしは彼らの間に住み、また歩む。わたしは彼らの神となり、彼らはわたしの民となる』」（Ⅱコリント六・一六）。

神様は、私たちのうちに住むと約束してくださいました。これが私たちのうちに実現するならば、神様と交わりをもつことができます。私たちが住みかを求めているときに、格好な空き家を見つけたならば、さっそくそこを借りて住むでしょう。主が十字架におかかりになったのは、私たちのうちに聖霊がお住みになるためです。

ここに「歩む」とあります。これは、神様が私たちのうちに住み、その力を内側より働かせて、私たちの内なる人を強くしてくださるということです。オイルが自動車に力を与え、走らせるように、聖霊が私たちの心に住んでくださるときに、私たちは主が喜ばれるように、この世を歩むことができます。私たちがこのお約束を信じていくならば、「そうすればわたしは、あなたがたを受け入れる」という御言葉が実現されます。神様ご自身が私たちの心に住み、そこに住み続けてくださいます。昔、神の幕屋が完成したとき、そこに住んだように、私たちの心を住まいとしてくださいます。

一八節に「わたしはあなたがたの父となり」とあります。これは、「あなたがたのあらゆる面倒を見て、守る」ということです。また、「あなたがたはわたしの息子、娘となる」とありますが、これは常に神様の深いご配慮の中で過ごさせていただくということです。

この生涯に進むためには、お話ししたように、二つのことが必要です。心と身を潔められることと、信じてご恩寵を受けることとです。その生涯は前に申し上げたように、自分の心を広くして、暗く狭いトンネルの中から出て、心を明るく広くされる歩みです。これは、限られた少数の人に与えられた恩寵ではありません。皆さんすべてに与えられた神様のお約束です。皆さんが今晩、ここに来られたのは、神様との真の交わりをもち、信仰をもって神様のご恩寵をしっかり握るためです。

今、祈りのために十分な時間を取って、「生ける神の宮なのです」（英欽定訳）という御言葉の実現を求めようではありませんか。

（一九三七年〔昭和十二年〕六月、山陰聖会、日本聖公会米子聖ニコラス教会にて）

（『霊泉』五五号、一九三七年〔昭和十二年〕十月）

聖潔と聖霊

「わたしは、イスラエルの家がその行った国々の間で汚した、わたしの聖なる名を惜しんだ。

それゆえ、イスラエルの家に言え。**神**である主はこう言われる。イスラエルの家よ。わたしが事を行うのは、あなたがたのためではなく、あなたがたが行った国々の間であなたがたが汚した、わたしの聖なる名のためである。わたしは、あなたがたが国々の間で汚したわたしの大いなる名が、聖であることを示す。あなたがたが彼らのただ中で汚した名である。わたしが彼らの目の前に、わたしがあなたがたのうちで聖であることを示すとき、国々は、わたしが**主**であることを知る――**神**である主のことば――。わたしはあなたがたを諸国の間から導き出し、すべての国々から集め、あなたがたの地に連れて行く。わたしがきよい水をあなたがたの上に振りかけるそのとき、あなたがたはすべての汚れからきよくなる。わたしはすべての偶像の汚れからあなたがたをきよめ、あなたがたに新しい心を与え、あなたがたのうちに新しい霊を与える。わたしはあなたがたのからだから石の心を取り除き、あなたがたに肉の心を与える。わたしの霊をあなたがたのうちに授けて、わたしの掟に従って歩み、わたしの定めを守り行うようにする」（エゼキエル三六・二二～二七）。

神様は御言葉の中にしばしば繰り返して、私たちに対するあわれみのゆえに、聖霊を注いで、ご自身の最も大いなるものを与えると語られます。私たちの実際のあり様を見て、私たちが実は霊の目が見えず、霊の耳が聞こえない、あわれむべき者であることを知り、あわれみをもって聖霊を注いでくださいます。ところが、ただいまお読みしたところを見ると、このようなみこころ以上のことが記されています。ご自身の「聖なる名」のゆえと語られています。

今晩お互いに注意して、この御言葉がどれほど真実のものであるかを悟らせていただきたいと思います。「わたしの大いなる名」と語られます。ここで、ご自身の大いなる名が汚されていることを嘆かれます。しかも、ご自身の民によって汚されていることを嘆かれます。このことは、今晩一人ひとりに当てはめられることを見たいと思います。いかがでしょうか。私たちは人々の間にあって、キリストを現しているでしょうか。キリストの御霊を示しているでしょうか。

実際、キリストの御名を負ったクリスチャンと称えられていながら、自己中心、不親切な言葉が発せられ、そのような霊に所を得させてしまったということがないでしょうか。今晩、お互いが神様の前に深く感じていただきたいと思います。この大いなる御名が神様を知る民の間で汚されていることを。けれども、神様はこの大いなる約束を与えて、この大いなる名を聖なるものにすると約束しておられます。

どのようにしてこれを聖なるものとなさるのでしょうか。それは、ご自身の民を聖とすることによってです。「わたしは、あなたがたが国々の間で汚したわたしの大いなる名が、聖であることを示す。あなたがたが彼らのただ中で汚した名である。わたしが彼らの目の前に、わたしがあなたがたのうちで聖であることを示すとき、国々は、わたしが**主**であることを知る——**神**である主のことば——」（二三節）。主はしかもここで約束しておられます。ご自身の民が聖とされるとき、そこにリバイバルが起こるということです。そのとき、人々は「わたしが**主**であることを知る」と約束しておられます。ですから、私たちが神様に訴えるのは当然のことです。

おお、神様、どうかあなたの大いなる御名のゆえに私たちを潔めてください。皆さん、周囲の人々を見、神様を知らずに望みがなく、永遠を見渡しても望みのない人を見て、彼らのゆえに私たちを潔めてくださいと訴えるのが当然ではないでしょうか。

神様はご自身の民をこのように集めておられますが、これは潔めのうるわしい衣服を着せて、この世にあってご自身の強い民となすためです。

しかも、神様は約束しておられます。聖霊が臨むときに、力を受け、証し人として多くの人々を主に導くことができる、と。二五、二七節をご覧なさい。神様はご自身の民に二つの約束をなさいました。潔めと力です。この順序を覚えておいてください。最初に潔めであり、次に力です。ある人はこの順序がひっくり返っていて、潔くないのに力を求めます。神様は、ご自分の民が潔くないのに聖霊を注ぐことはできません。皆さんも食べ物を汚い器に盛ることをしないでしょう。神様は、潔くない器に聖霊を宿すことはおできになりません。

ゆえに、神様はここに、このように二つの約束をしておられます。第一に潔い心であり、その潔い心の中に聖霊を宿らせる、と。神様はご自身の聖霊を入れるために、潔い器をお求めになります。その器が潔く整えられるのをお待ちになります。神様は罪を憎まれます。罪を絶滅させなければ満足なさいません。

神様はすでに驚くべき御業をなさいました。それは、すべての人を罪より救い出すため、あなたを、私を、罪より救うために、御子をこの世に送る、ということです。そして、尊い御子を十字架につけることさえお許しになりました。私たちを罪より救うために、神の御子を死人のうちからよみがえらせました。このようにして、主イエスは今、神様の右にあげられ、ご自身によって神様のもとに来る者を完全に救うために、天の御座に着いておられます。

それゆえ、悟ることができます。お互いを罪から救い出すために、神様はご自身の最上のものを与え、最善をなさったことを。そして、詩篇五一篇で、祈ることを教えてくださいます。「神よ 私にきよい心を造り 揺るがない霊を 私のうちに新しくしてください」（一〇節）と。けれどもあるクリスチャンは、このようなことを想像しているようです。だんだん知識が進んでいけば、次第に潔めに到達する、と。ダビデはしっかりと理解していました。成長して潔めに至るのではなく、潔さが実現されるために神様の力強い御業が必要である、と。それで神様に向かって、天地の創造を無より生じさせた主に向かって、その同じ力によって潔い心を創造してください、と。ダビデは目の前にこのような約束（エゼキエル三六・二五）をつきつけられたのではありませんが、このような祈りをささげました。

けれども、私たちに対して神様はこのような約束を二五節でしてくださいます。

「わたしがきよい水をあなたがたの上に振りかけるそのとき、あなたがたはすべての汚れからきよくなる。」

それゆえ神様は、この潔(きよ)い心を求めて、ご自分に近づく者に対して責任をもってくださいます。「あなたがたはすべての汚れからきよくなる」と。神様はここで私たちの汚れの細部にわたって、「あなたがたの心を汚しているその一つ一つを潔める」と約束してくださいます。

主イエスが地上に来られたとき、人の心の汚れがどういうものであるかとお語りになりました。「悪い考え、殺人、姦淫、淫らな行い、盗み、偽証、ののしりは、心から出て来るからです。これらのものが人を汚します。しかし、洗わない手で食べることは人を汚しません」(マタイ一五・一九〜二〇)。

皆さんがひとり静かにしているとき、この御言葉を前にして、自らの心を調べてください。主イエスが「人を汚す」と語られたものが、どういうものであるかを御言葉の光に照らして、一つ一つ見ていただきたいと思います。

ところが、神様はエゼキエル書三六章二五節の御言葉によって、「あなたがたはすべての汚れからきよくなる」と約束しておられます。ですから、皆さんは、マタイの福音書一五章にある「人を汚すもの」一つ一つをつぶさに眺めるとともに、その一つ一つから潔められることを見ていただきたいと思います。なぜなら、ある信者の心の中に、この御言葉のように汚れが所を得ているのを見るからです。

多くの人が聖霊を求めますが、求めながらこれを得ないということは実に厳粛な問題です。どういうところに原因があるのでしょうか。それは心の中の汚れです。神様が潔めたいと思う罪を、心の中にとどめているからです。

私が島根県の松江に住んでいたとき、家の前に井戸がありました。この井戸の水はいつも豊かに湧き出て、それは何とも言うことのできない清い水でした。ところがある夏のこと、その水がどうも変です。いつもの新鮮さがありません。それを飲んでも心が爽やかになりません。そこで井戸さらいをすることになり、水をかい出しました。だんだん水を減らして、底近くになったとき、そこにいろいろな種類の汚いものがありました。落葉やら棒切れやら、鳩の死骸やらがありました。さっそくそれを取り除いて、すっかり掃除したところ、いつもの新鮮な冷たい水が湧き出てきました。

神様は皆さんの心をこの井戸のようにしたいと思っておられます。生ける新鮮な水が湧き出て、他の人に飲ませるような井戸にしたいとお望みです。そのようにして、周囲の人々はこの源泉を見いだして、皆さんのうちにある喜びや愛を、自分も見いだしたいと思うでしょう。ところが、皆さんの心が、あの井戸のように、罪や汚れによって塞がれているならば、他の人に飲ませることはできません。神様はそうした心をも、完全に潔めたいと願っておられます。

しかも、神様は驚くべき力をもってこれをなしてくださいます。すなわち、御子イエスの尊い血潮です。罪とひどい汚れを取り除くためには、自分の決心だけではどうにもなりません。潔める力のある血潮が必要です。

ローマ人への手紙六章一〇～一一節にこう記されています。「なぜなら、キリストが死なれたのは、ただ一度罪に対して死なれたのであり、キリストが生きておられるのは、神に対して生きておられるのだからです。同じように、あなたがたもキリスト・イエスにあって、自分は罪に対して死んだ者であり、神に対して生きている者だと、認めなさい。」

一〇節を見ると、ここに栄光ある二つの事実が書かれていることがわかります。すなわち、キリストが一度罪に対して死なれたこと、そして神様に対して生きておられることです。一一節にはこの二つの事実が私たちにも当てはめられるべきであることが示されています。一一節で学ぶことは、キリストは罪に対して死なれたので、私たちも罪に対して自ら死んだ者であると認めることができるということです。私たちが罪から全く解放されることを示すために、神様は求めておられます。信仰によって、私たちは罪に対して死んだ者であることを、これ以上の言い表し方はないでしょう。

罪に対して死んだ者となります。こうして私たちは罪より全く救い出されるのです。

エゼキエル書の御言葉はこのことを教えています。そのようにして、神様は私たちを罪より救い出して、皆さんのうちに尊い賓客を宿らせたいと思っておられます。すなわち聖霊です。

神様はこのために皆さんの心を綿密に調べて、そのすべての汚れから潔めてくださいます。神様はこの二五節の約束を実現するときに、二七節の約束をなさいます。「わたしの霊をあなたがたのうちに授けて、わたしの掟に従って歩み、わたしの定めを守り行うようにする」と。

神様が聖霊を授けてくださるとき、聖霊の実を結びます。それはまことにうるわしい実です。

第一の実は愛です。愛の実はまず家庭の中に現れます。

第二の実は喜びです。この実は、この世においてこの上もないものです。この世において喜びと楽しみに満たされている者は幸せです。だれでも、喜んでいる人を見るのは好きです。それゆえ、神様はご自身の民の中に、この喜びを満たしてくださいます。

第三の実は平安です。この世は安らぎを求めていながら、これを見いださないのです。それで神様は、皆さんによってこれを世にお示しになります。イエス様によってこれを得ることを示したいと思っておられます。皆さんが町を歩き、店に入って買い物をするときも、この喜び、愛、平安を示す者であることを意識していただきたいと思います。もしも平安が与えられているならば、目を通し、顔を通してそれが現れます。

そして、神様はこの驚くべき約束をおのおのに与えてくださいます。愛する兄弟姉妹よ、このような恵みが心の中で塞がれているならば、よくよく省みてください。そして、これを心の内に迎え入れてください。聖霊はその時から、皆さんの内なる人を支配して、皆さんは聖霊のご支配のもとに生活するようになります。神様はそのようにして、恵みを現して、主の栄光を現すように導いてくださいます。

皆さんが美しい花園のそばを歩くとき、そこがきれいに整えられ、雑草が生えておらず、手入れが行き届いているとすれば、その庭をだれかが所有し、ちゃんと世話をしていることがわかるでしょう。皆さんの心は神様のうるわしい花園にたとえられます。神様は聖霊を皆さんに与えて、その花園を司らせようとなさいます。手入れをして、聖霊が世話をする心の中に、聖霊の美しい花を咲かせてくださるのです。そして、皆さんの生活は、「もはや私が生きているのではなく、キリストが私のうちに生きておられる」（ガラテヤ二・二〇）ことになるでしょう。

また、聖霊が宿ってくださる魂には力があります。聖霊が心の中にお働きになるとき、皆さんは神様のために力ある生活を送ることができるようになります。

それゆえエゼキエル書三六章二三節にあるように、聖霊が神の民のうちに力強く働くのを見て、国々の民が神様に近づいて来ることでしょう。「わたしが事を行うのは、……わたしの聖なる名のためである」とあります（二二節）。この御言葉は、私たちが潔めを神様に求めるために、非常に助けとなるものです。すなわち、私たちは申し上げることができます。「私のためではなく、あなたの栄光のために私を潔めてくださ い」と。ですから、私たちは、神様の大いなる御名の栄光を思うときに、潔めを神様に求めたいと思います。

神様は、三七節に「わたしはイスラエルの家の求めに応じ、このことを彼らのためにする」とあるように、私たちが求める前にこれをなすとお語りになります。しかも神様は即座にこのところで、これをなしてくださるお方です。聖霊は「今日」と言われます。しかも、神様は、私たちが必要とする恵みを今なしてくださるという信仰をお喜びになります。

ですから、私たちは今晩、素直な心をもって神様に近づき、ご自身の大いなる約束のゆえに、これをなしてくださいと申し上げたいと思います。そして、ここにおいでになるキリスト様を見上げましょう。主は私たちに応えてくださいます。「あなたがたの信仰のとおりになれ」（マタイ九・二九）と。

祈りましょう。

（一九三七年〔昭和十二年〕七月二十三日、松本夏期連合聖会第二夜）

（『霊泉』五八号、一九三八年〔昭和十三年〕一月）

イザヤの潔め

「ウジヤ王が死んだ年に、私は、高く上げられた御座に着いておられる主を見た。その裾は神殿に満ち、セラフィムがその上の方に立っていた。彼らにはそれぞれ六つの翼があり、二つで顔をおおい、二つで両足をおおい、二つで飛んでいて、互いにこう呼び交わしていた。

『聖なる、聖なる、聖なる、万軍の**主**。
その栄光は全地に満ちる。』

その叫ぶ者の声のために敷居の基は揺らぎ、宮は煙で満たされた。私は言った。

『ああ、私は滅んでしまう。
この私は唇の汚れた者で、
唇の汚れた民の間に住んでいる。
しかも、万軍の**主**である王を
この目で見たのだから。』

すると、私のもとにセラフィムのひとりが飛んで来た。その手には、祭壇の上から火ばさみで取った、燃えさかる炭があった。彼は、私の口にそれを触れさせて言った。

『見よ。これがあなたの唇に触れたので、
あなたの咎（とが）は取り除かれ、
あなたの罪も赦された。』

私は主が言われる声を聞いた。『だれを、わたしは遣わそう。だれが、われわれのために行くだろうか。』　私は言った。『ここに私がおります。私を遣わしてください』」（イザヤ六・一〜八）。

青年イザヤはこの後、生涯を全く造り変えられる恵みを、神様からいただき、他の人々のために大いなる祝福となりました。彼は神様から魂のうちに神様の火をいただきました。聖霊の一触れをいただいたのです。ペンテコステの日に、一つの家に集められていた人たちは、聖霊の炎の一触れをいただきました。神様の火が全会衆の上に臨んで、聖霊によって一人ひとりが満たされる光景がそこにありました（使徒二章）。けれども、イザヤの場合は、ただ一人が聖霊に満たされました。

神様は求めに応じてくださいました。ですから皆さんが他の多くの人々といっしょに聖霊を求めるときには、あるいはひとりで聖霊を求めるときにも、神様は豊かに恵みを注いでくださいます。

私たちは、英語でしばしばこのような賛美歌を歌います。「新たに、新たに聖霊の火の一触れをわが魂に送ってください」と。今晩、皆さんが言葉は違っても、その思いは一つで、御前に近づいています。

イザヤはどういうふうにして火を受けたでしょうか。彼は神の宮で火を求めていたのでしょう。神の宮で、神様は聖所に宿っておられました。聖所には隔ての幕があって、そこで拝する者は、神様の栄光を直接見ることができませんでした。礼拝者は神様を拝していても、幕の中に神様の栄光が輝いているのを見、感じることはありませんでした。

けれども、イザヤが主を求めていたときは、あたかも隔ての幕がかき寄せられたようになって、主を見ることになりました。「高く上げられた御座に着いておられる主」を見たのです。ときに祈りの中で、神様と自分との間に何か幕があるように感じることがあります。しかしイザヤにおいては、顔と顔を合わせて直接、主を見た時から、ペンテコステが始まりました。

私たちも、糸筋一つの隔てもなく主を見ることができます。ここに集う皆さんが、すでにそのような状況で主をご覧になったと思います。イザヤがこのように主を拝したとき、それはペンテコステの始めです。皆さんにとっても、主と顔を合わせて拝した時からペンテコステが始まります。イザヤは目を上げて、御座にあらゆる権威をもって座しておられる神様を見ました。

主イエスは私たちにご自身を、このような姿で示してくださいます。「わたしには天においても地においても、すべての権威が与えられています」（マタイ二八・一八）と。主イエスは皆さんを罪から救う一切の力をもち、聖霊をもって皆さんを潔める力をおもちです。驚くべき力だけでなく、驚くべき愛をもっておられます。ここにいる皆さんを何とかして恵みたいと願っておられます。聖霊をもって全く潔めたいと切望しておられます。私たちは主イエスを説き伏せて、この恵みをいただくのではありません。イエス様はご自分の心を注ぎ出して、聖霊の満たしを与えたいと願っておられるのです。

新約から見ると、イザヤの拝した主が主イエスであることがわかります。ですからイザヤも、私たちも、拝する主の御手に、また御足に釘跡を見ることでしょう。この釘跡こそ、主の愛の証拠です。私たちを全く潔めるために、自らを与えた愛のしるしです。

百二十人の弟子たちは待ち望みました。聖霊が降るように、と。彼らは、主イエスが天に昇られるのを見ました。昇られた主が、神様の右に座すのを知りました。数年のあいだ寝食を共にした主が天に昇られたのを見ました。兄弟のように接してきた主が、今は天にあって地上の一切の権威をもたれることを知りました。それで、へりくだって主の御足もとに集いました。

主は、御座に着いておられます。そして弟子たちは、その御足もとにひれ伏しています。ここでペンテコステが始まりました。そのように、皆さんも自らを投げ出して主の足もとに近づき、主を見上げるとき、ペンテコステが始まります。

イザヤはこの主を見て、そして主がどのように奉仕を受けておられたかを見ました。この主は、セラフィム（セラフィムとは「燃える者」といった意味）の奉仕を受けておられました。奉仕は、生ぬるい者とか、半信半疑の者ができるものではありません。主に奉仕したいのであれば、私たちも燃える者でなければなりません。

イザヤは、その奉仕する者が六つの翼をもっているのを見ました。彼らは祈りのうちに、六つの翼をもって、まっしぐらに主の前に駆け上って行きます。また、翼をもって自らを全く覆っています。そして、イザヤは、セラフィムが神様の使命の言葉を携えて、飛んでいるのを見ました。

それぞれに翼があって、その二つをもって顔を覆い、また二つの翼をもって足を覆って、神様の前で礼拝をしています。そのようにして神様にお見せする何ものもないとへりくだっていました。四つの翼を謙遜のために用いていたのです。二つの翼だけが速やかに飛ぶために用いられていました。ここにおいでになる教職の方々には、これこれを覚えていただきたいと思います。四つの翼を礼拝のため、二つの翼を奉仕のためにに用いるということです。こんなことを申し上げるのは悲しいことですが、ときにある教職者は、神様の御前で礼拝も祈りもしないで、ただ二つの翼だけをもって忙しく駆け回っています。けれども四つの翼は、祈りと賛美のためのものです。セラフィムは神様を賛美していました。

「互いにこう呼び交わしていた。『聖なる、聖なる、聖なる、万軍の主。その栄光は全地に満ちる』」(六・三)。セラフィムの歌は、彼らの愛する主に対するものでした。そして、彼らが地を見るとき、地には主の栄光が満ち満ちていました。神様の真のしもべは、いつどこにでも神様の栄光の輝きを見ます。ときに私たちの目がしばしば地上の悪や罪のみに引きつけられて、そこに神様の働く余地がないかのように思われることがあります。けれどもセラフィムのように、全地に神様の栄光が満ちているのを見せていただきましょう。

このようにしてイザヤは、真の神のしもべがどんな姿でなければならないかを見ました。そして、自らを高くして、自分も主のしもべであることを喜ぶなどとは言いませんでした。セラフィムの真の奉仕の姿がイザヤを深くへりくだらせたのです。

私たちの王の真の栄光を見、真の奉仕の姿を見るとき、私たちは深くへりくだらせられます。このような幻を見るとき、自らが失敗だらけの者であることがわかります。これはイザヤに、へりくだった心、砕けた心をもたらしました。その心こそ、彼を恵みに導く唯一の状態でした。

五節を見ましょう。イザヤは叫び出しました。「私は言った。『ああ、私は滅んでしまう。この私は唇の汚れた者で、唇の汚れた民の間に住んでいる。しかも、万軍の**主**である王をこの目で見たのだから。』」　私たちも王を見るときに、イザヤのように自らを卑しくして、砕けてしまうようになります。パウロも主の栄光を見たときに、「私は本当にみじめな人間です。だれがこの死のからだから、私を救い出してくれるのでしょうか」（ローマ七・二四）と叫びました。神様がこのような状態にお互いをへりくだらせてくださるなら、幸いです。

主はまず私たちを引き上げるために卑しくなさいます。そして聖霊の火を私たちに与えてくださいます。イザヤはこのとき、自らの真の姿を神様の前で認めて、自分の必要が何であるかを神様の前に申し上げました。神様の前で汚れ果てた人間として、これ以上へりくだれないほどへりくだりました。そして私たちも認めます。「もし私たちが自分の罪を告白するなら、神は真実で正しい方ですから、その罪を赦し、私たちをすべての不義からきよめてくださいます」（Ⅰヨハネ一・九）と。

　このように砕けたイザヤに対して、神様は直ちに一人の者を遣わし、潔める火を持って行かせました。そして、火の一触れがもたらされました。その火の一触れが、イザヤを潔め、彼に聖霊を与えたのです。

　六〜七節、「すると、私のもとにセラフィムのひとりが飛んで来た。その手には、祭壇の上から火ばさみで取った、燃えさかる炭があった。彼は、私の口にそれを触れさせて言った。『見よ。これがあなたの唇に触れたので、あなたの咎（とが）は取り除かれ、あなたの罪も赦された』」。

　これは祭壇の上からの火の一触れでした。私たちにも祭壇があります。神の御子が命を捨てられた祭壇です。そこにおいて御子は私たちのすべての罪の贖（あがな）いとなってくださいました。聖霊の火の一触れこそカルバリの火です。これは、私たちのうちにあるすべての罪を潔めるものです。そして私たちのうちに聖霊の熱と力を与えるものです。聖霊こそ、私たちの心のうちに神様の愛を与え、注ぎ出してくださいます。

このように神様はイザヤの叫びを聞き、その祈りに応えてくださいました。そして、イザヤは神様の前で、静かな御声を聞きました。私たちの心が潔められていないならば、この声を通常聞くことができません。この声は以前にも呼びかけられ、語られていたかもしれませんが、イザヤはこれを聞くことができませんでした。今日まで皆さんを奉仕に導かれた神様の声を聞くことができないとするなら、それは心が潔くなかったからではないでしょうか。けれども私たちは確信しています。心が潔められ、静かに神様の前にあるとき、確かに御声を聞くことができることを。ちょうど神様がイザヤの叫びに耳を傾けて、その祈りに応え、イザヤが神様に拠り頼んで、神様の静かな声を聞いたように、です。

「私は主が言われる声を聞いた。『だれを、わたしは遣わそう。だれが、われわれのために行くだろうか。』」 神様はイザヤに呼びかけられました。そのとき彼は神様の前に大胆に近づいて申し上げました。「ここに私がおります。私を遣わしてください」と（六・八）。ああ、潔められた魂のなんと大胆なことか。このような人は神様のために進み行く勇気に満たされています。

「ここに私がおります」とイザヤは申し上げました。全霊全生全身を神様の前に投げ出して、「私を遣わしてください」と。今や彼は神様の声に従って出て行こうと備えています。セラフィムのように、喜んで出て行こうとしています。

主は今も「だれが、われわれのために行くだろうか」と呼びかけておられます。もし神様が潔め、力に満たされたなら、今こそ神様の声に耳を傾ける時ではないでしょうか。

神様は皆さんをここから家庭の中へ、あるいは住んでいるところへ、近隣へ遣わそうとして、「だれを、わたしは遣わそう」と呼んでおられます。主を知らない人々の中へ皆さんを遣わそうとしておられます。この神様の呼びかけに応えようとしておられますか。全霊全生全身をこの奉仕のためにささげておられますか。

英国の女王があるとき自動車に乗って、ロンドンからケンブリッジへ旅行をしました。ある慈善事業の会議に出席するため、私人の立場で出かけました。途中まで来たとき、車の調子がおかしくなって、ついに止まってしまいました。運転手が降りて調べ、女王のところに来て、「完全な故障です」と申し上げました。女王は、「ケンブリッジへ行く車がこのあたりにないでしょうか。それに乗って行くことができないでしょうか」と尋ねました。運転手がそうした車がないかと辺りを見回していたとき、間もなくとても立派な車がそこを通りかかりました。さっそく呼びかけてみました。車は停まり、後ろには一人の女性が乗っていました。ケンブリッジへ行くとのことでした。運転手は事情を説明し、その車を女王に貸してもらえないかと尋ねました。その女性は喜んで承諾しました。そして車から降りて、女王に提供しようとしました。ところが女王は、「ただ同乗させてくだされば、それでよいのです」と伝え、いっしょにケンブリッジへ行ったということです。

今宵、王の王である主が、私たちに近づいて、「だれか、わたしのために唇を貸してくれる者はいないか。わたしのためにその体を貸してくれる者はいないか」と言われます。あの女性が喜んで女王に車を提供したように、主が私たちを十分にお使いくださるように、喜んで全霊全生全身を主にささげようではありませんか。

主は、火の一触れをいただいた者にのみ御声をおかけになります。主に近づいて、主を見上げましょう。今日までの失敗の生涯をありのまま主に申し上げてください。そうしたときに直ちに主は聖霊の一触れをもって皆さんの心を潔めてくださいます。そのために長く待つ必要はありません。神様ご自身がそのような願いをもっておられるからです。

神様は今晩、皆さんの生涯に、かつてない大いなる御業をなそうとしておられます。聖霊の働きと光をもって私たちの魂を満たそうとしておられます。皆さんも心から、愛をもって、全霊全生全身をもって、「ここに私がおります。私を遣わしてくださ い」と申し上げてください。

祈りましょう。

（一九三七年〔昭和十二年〕七月二十四日、松本夏期連合聖会第三夜）

（「霊泉」五六号、一九三七年〔昭和十二年〕十一月）

わたしにとどまりなさい――クリスチャンの歩みの秘訣

神様は大いなる恵みのうちに、この聖会を導いて、ついに最後の数分にまで導いてくださいました。今日までの数日を顧みて心より感謝いたします。私たちは、神様の働きが必ず続くことを確信しています。ただいつまでも消えずに続くだけでなく、この恵みの生涯は、この後もますます深まっていきます。

私は今晩、将来についてお話ししたいと思います。どうしたらお互いのキリスト者生涯が、恵みに進んで成長していくでしょうか。箴言四章一八節に、「正しい人の進む道は、あけぼのの光のようだ。いよいよ輝きを増して真昼となる」とあります。神様はこのたび私たちに対してあけぼのの光を照らし、また同時に、常に光から光へと導くと語られます。

主イエスは、どうしたらこのように成長し、前進するかを語っておられます（ヨハネ一五・五～六）。ヨハネの福音書一四章で主イエスは聖霊について丁寧に語り、私たちがどのようにしてこれを受けるかについて教えてくださいました。主イエスはこのように語った後、「立ちなさい。さあ、ここから行くのです」(三一節)と言われます。エルサレムの高い所で語り、そこを立ち、ゲッセマネにまで進もうとされます。このように主が先立って彼らをゲッセマネにまで導いた道の途中、弟子たちは尋ねたでしょう。「どうしたら聖霊の輝きを常に保つことができるでしょうか」と。イエス様はそのとき、まことのぶどうの木に連なる枝のたとえを語られました。

絶えず幹から枝へいのちが通うように、主イエスより、聖霊によっていのちが注がれて保たれるというのです。私たちがこのことに注意して、これを覚えておくのは大切なことです。聖霊によって主イエスに結び合わされ、聖霊による愛によって全く一つに結ばれています。私たちが一生懸命信仰をもって主に結びついていくのではありません。そうでなくて、もはや断絶することのない関係によって主と結び合わされているというのです。ですから私は、皆さんがこれを経験して、聖霊によって主イエスと固く結ばれた者となっていることを知っていただきたいと思います。この主から絶えず恵みをいただき、満たされ続けることができるのです。

コロサイ人への手紙二章九～一〇節を見ると、神様の満ち満ちた恵みのご性質はキリストのうちに宿っていると記されています。このようにして、私たちが聖霊によってこのキリストに結びついているとき、常に主からこの聖霊をいただくことができます。私たちはこのように、主イエスと結び合わされているので、主の死にあずかっています。主が罪に対して死なれたので、私たちも罪に対し、自己に対して死んだ者です。また、主の復活にあずかっているので、主イエスの復活のいのちが聖霊によって働き出しています。そして、復活の力のゆえに、新しいいのちに歩んで、すべての罪に対して勝利を得ることができます。私たちはそのように主イエスに結び合わされ、しかも主は私たちのためにもろもろの天を通って高く上られました（エペソ四・一〇）。この方から間断なく聖霊を注がれて恵みに成長することができます。

枝は、いつも幹につながって、いのちを得て、生長し、太くなっていきます。それと同じように、私たちもキリストからいのちを注がれて成長していきます。そしていよいよ大いなる喜び、大いなる愛をいただきます。このようにして、私たちはますます恵みに成長させられ、ついに主イエスと同じかたちにまで変えられるのです。

そして、主イエスは言われました。これらすべての奥義はただ一つ、すなわち「わたしにとどまりなさい」（ヨハネ一五・四）ということです。これは、自分の努力やもがきで神様に対して泣き叫ぶのではなく、主にすべてをゆだね、拠り頼んで安息を得ることです。潔めとは、皆さんの魂のうちにおける安息にほかなりません。ヨハネの福音書一五章九節を見ると、安息を得ているだけでなく、常に父の愛を喜んでいる状態であることがわかります。「わたしの愛にとどまりなさい」と。

　このようにしてキリストにつながっているときに、多くの実を結ぶことができます。皆さんの枝というものは、一方で幹につながっており、他方で多くの実を結びます。皆さんの生涯もこのようなものでしょう。すなわち、主から常にいのちを注がれ、その一方で主から受けた恵みを他の人に与えているということです。それで皆さんが主から絶えず恵みが注がれるうえで忘れてならないことは、神様の言葉を絶えず味わって、静かに神様の御前でお祈りするということです。一五章七節を見ると、「わたしのことばがあなたがたにとどまっているなら」とあります。主と結び合わされるとは、主の御言葉を待ち望んで、日々この幸いな御言葉をいただき、この御言葉によって主の恵みを受けることです。

　イスラエルの民は荒野を旅したとき、毎日マナをいただきました。夜、床につくときは、翌朝食べるものは何もありませんでした。けれども朝起きてみると、神様は彼らのために糧を備えていてくださいました。彼らは出て行って、神様の与えてくださったこのマナを集めました。

　神様は、皆さんのためにも豊かな糧を備えていてくださいます。糧は御言葉の中にあります。聖書の中にあります。ですから、私たちはイスラエルの民のように出て行かなければなりません。御言葉を丁寧に読んで、その中から糧を得なければなりません。それゆえお勧めします。毎日祈りをもって御言葉を欠かさず読むことを。これは非常に大切なことです。なぜなら、悪魔は必ずやって来て、このたびせっかく受けた恵みを奪おうとするからです。ですから、神様の前に静かな祈りの時をもって、この恵みを新しくしていただきますように。皆さんがそのように努めていくならば、毎日毎日主との楽しい交わりを続けることができます。それゆえ日々の第一歩において、主と堅く結びつき、主からこの恵みを絶えず与えていただきましょう。

その一方で、私たちは主のために実を結ぶことができます。主のために結ぶ実とはどういうことでしょうか。ヨハネの福音書一五章一一節を見てください。「わたしの喜びがあなたがたのうちにあり、あなたがたが喜びで満ちあふれるようになるために、わたしはこれらのことをあなたがたに話しました。」主のための実の一つは、喜びです。神様は、私たちが喜んでいることを望んでおられます。主の喜びが私たちのうちに入り込んできます。なぜなら、幹から枝にいのちが通うように、主から通う恵みがあるからです。

一四章二七節を見ると、「わたしはあなたがたに平安を残します。わたしの平安を与えます。わたしは、世が与えるのと同じようには与えません。あなたがたは心を騒がせてはなりません。ひるんではなりません」とあります。主のための実の二つめは、平安です。もしも主の平安が皆さんのうちにあるならば、怒りや短気が急に現れ出ることはないでしょう。もしも主の平安が皆さんのうちにあるならば、自己中心でなく、他の人をも顧みるようになって、皆さんの周囲にある人々のことを考える余裕をもつでしょう。

三つめの実は、一五章一二節にあります。「わたしがあなたがたを愛したように、あなたがたも互いに愛し合うこと、これがわたしの戒めです。」互いに愛し合うことです。いつでもキリストの愛を心のうちに蓄えて、その愛をもって周囲の人々を愛することができます。九節の終わりにも、「わたしの愛にとどまりなさい」とあります。ご自身の愛を経験しつつ、ご自身の愛のうちに生きるように、と主は言われます。このようにして実に幸いな実、喜びと平安と愛を結ぶのです。これは聖霊によってキリストに結びつけられているからです。

私たちがキリストにつながって結ぶ、もう一つの実があります。それは他の人々を主イエスに導く救霊の実です。このたび主に一切を献げた方々は、他の人をも主に導きたいと願っているに相違ないと思います。どなたでもこうした願いがあるならば、キリストから御言葉をいただき、なすべきこと、語るべきことを教えられます。また魂を導く知恵も与えられます。そして、このような人はキリストから力をいただいて、恐ろしい悪魔の力につながれている人たちを、そこから引き出して、主イエスに結びつけることができます。

こうして、皆さんは絶えず絶えず実を結び続けることができます。この実は主イエスの前にかぐわしいものであり、他の人々に対しても喜びです。それゆえ私たちは、絶えず主イエスにつながって、絶えず恵みを受けることに注意したいと思います。

木々を見ると、ときに、幹より離れてしまわないかと思うほど、かろうじてつながっている枝を見ます。皆さんはこのような類の枝である可能性があります。罪や世に属するものを主との間に置くこともできます。ですから絶えず注意して、主とともに歩むことに努めたいと思います。もしも不信仰が入り、罪が入るならば、主との間を部分的にも隔ててしまいます。ですから、皆さんが毎日お祈りするときは、いよいよ主に深く結びつけられ、主との間を隔てるようなものがないかどうかを点検してください。

ペテロは、国々に散らされた人々に書簡を書き送りました。ペテロの手紙第一、一章八節にこうあります。「あなたがたはイエス・キリストを見たことはないけれども愛しており、今見てはいないけれども信じており、ことばに尽くせない、栄えに満ちた喜びに躍っています。」この信者たちは、聖霊によって主イエスと固く結ばれていました。心を尽くして主イエスを愛していました。彼らの心の中は輝く栄光でいっぱいでした。

皆さんは聖霊によってキリストに結びつけられました。このたび、この主に対する愛をここから始めました。また力に満たされた栄光ある生涯をここから始めました。ですから、主イエスは皆さんに対して、この恵みの生涯を続けるように、ますます深められて、来臨の時まで続けるようにと願っておられます。私もそのように祈ります。皆さんのご生涯がますます輝くばかりに鮮やかにキリストを現して、ついに全地のリバイバルに至ることを祈ります。

祈りましょう。

（小野沢清円筆記）

（一九三七年〔昭和十二年〕七月二十五日、松本連合聖会五日目最後の夜）

（『霊泉』六三号、一九三八年〔昭和十三年〕六月）

一致

「見よ。なんという幸せ なんという楽しさだろう。
兄弟たちが一つになって ともに生きることは。
それは 頭に注がれた貴い油のようだ。
それは ひげに アロンのひげに流れて
衣の端にまで流れ滴る。
それはまた ヘルモンから
シオンの山々に降りる露のようだ。
主がそこに
とこしえのいのちの祝福を命じられたからである。」（詩篇一三三篇）

「そこに」（三節）とあります。神様は、兄弟姉妹たちが一つになって集っているそこに恵みを注いでくださいます。日本のクリスチャンのために多くの祈りが必要です。

日本のあちらこちらでたくさんの人たちが、リバイバルのために真の重荷を担っているのを見て嬉しく思います。神様がこの祈りに応えて、リバイバルを起こしてくださるのを妨げているものがあります。それは、もしかして今なお真の一致がないことかもしれません。

イスラエル民族が一つの民であることは神様のご計画でした。そして十二の部族から成っていたことも、神様のご計画でした。十二の部族にはそれぞれの特徴がありました。ユダの部族は神の宮を表し、神様の臨在が現されていました。ヨルダンの西にあって神様との親しい交わりをもたず、ヨルダン川を渡って来なかった部族もありました。しかし神様は、彼ら全体が結び合わさって一つの民であることをお望みになりました。

エリヤの祈りに応えて、神様は地に雨をお降らせになりました。エリヤは約束に基づいて祈りましたが、その前に「彼は、壊れていた主の祭壇を築き直した。エリヤは、主がかつて『あなたの名はイスラエルとなる』と言われたヤコブの子たちの部族の数にしたがって、十二の石を取った」（I列王一八・三〇～三一）ということです。エリヤはイスラエルの部族の数にしたがい、十二の石を取り、その石で祭壇を築きました。ですから私たちが心において全く一つにされることは、リバイバルに達する第一歩なのです。

この詩篇一三三篇で、神様が与えてくださる恵みが、貴い油注ぎとヘルモンの露によって言い表されています。この二つの象徴、油と露は実に美しい表現です。

「油」がアロンの頭に注がれました。主の祭司であるがゆえです。そしてアロンの衣の端にまで滴りました。これは、主イエスの上に注がれた油が、彼に贖われた低い者たちのところにまで流れていくという意味です。主のもとに集まって来る者は、そのような者であるということです。最も小さい、最もへりくだっている信者も、主に与えられている恵みと同じものを受けることができるのです。

そして「露」ですが、北方ヘルモン山に降る露が、南方シオンのすべての山にあまねく流れ降るといいます。カナンの地に降る露は、私たちが見る露よりもはるかに多いのです。それでシオンのすべての山を潤すことができます。神様はご自分の教会のすべてが潤されることを願っておられます。神様の願いは、ご自身の民が一つ心をもって集まっているところに注がれることです。

「五旬節の日になって、皆が同じ場所に集まっていた」（使徒二・一）とあります。また、「信者となった人々はみな一つになって、一切の物を共有し、財産や所有物を売っては、それぞれの必要に応じて、皆に分配していた。そして、毎日心を一つにして宮に集まり、家々でパンを裂き、喜びと真心をもって食事をともにし、神を賛美し、民全体から好意を持たれていた。主は毎日、救われる人々を加えて一つにしてくださった」（同二・四四〜四七）とあります。これがペンテコステの教会の姿でした。

「ちょうど、からだが一つでも、多くの部分があり、からだの部分が多くても、一つのからだであるように、キリストもそれと同様です。私たちはみな、ユダヤ人もギリシア人も、奴隷も自由人も、一つの御霊によってバプテスマを受けて、一つのからだとなりました。そして、みな一つの御霊を飲んだのです」（Ⅰコリント一二・一二〜一三）。これは、新約聖書においてたびたび教えられていることで、教会はキリストのからだであるということです。キリストも教会がなければ完全ではないのです。頭とからだを一つにしたものが教会であるように、キリストもまたそうです。それでこそキリストなのです。

ですから、私たちにとってもキリストと結び合わされることは、まさに生命の結合です。そのようにからだの部分一つ一つが結び合わされることも生命の結合です。一つの部分が他の部分に対して、「あなたはいらない」と言うことはできません（同一二節）。互いに大事にし合い、配慮し合い、助け合っていくのであって、一つの部分が他の部分に負うところが大きく、また多くあるのです。

一つの部分が他の部分と真の交わりをもっていなければ、満ち満ちた恵みの中にいることはできません。からだにおいても一つ一つの部分が健全な働きをしていてこそ、健やかなのです。「からだ全体は節々と筋によって支えられ、つなぎ合わされ、神に育てられて成長していくのです」（コロサイ二・一九）。それゆえ、それぞれが頭であるキリストにしっかりつながって、この方に養い育てられることによって、成長していくのであって、そこに健全な成長があります。神様に養われて成長していくのです。頭につながることによって、キリストから受け取ることによって成長させられます。「キリストによって、からだ全体は、あらゆる節々を支えとして組み合わされ、つなぎ合わされ、それぞれの部分がその分に応じて働くことにより成長して、愛のうちに建てられることになります」（エペソ四・一六）。キリストを基としてからだ全体は節々と筋の助けによって育てられ、成長していくのです。

コロサイ人への手紙には、キリストを頭として、キリストから受け、キリストによって満たされることで、からだが成長するとあり、エペソ人への手紙には、それぞれが互いに助け合うことで成長し、大きくなるとあります。からだ全体はすべての節々と筋の助けによって、とあるように、おのおの部分が一つに結び合わされて、それぞれの務めが完全に果たされていくのです。

「愛に根ざし、愛に基礎を置いているあなたがたが、すべての聖徒たちとともに、その広さ、長さ、高さ、深さがどれほどであるかを理解する力を持つようになり、人知をはるかに超えたキリストの愛を知ることができますように。そのようにして、神の満ちあふれる豊かさにまで、あなたがたが満たされますように」（エペソ三・一七〜一九）。ここに、「すべての聖徒たちとともに」とあるように、すべての聖徒とともに一つにならなければなりません。私たちは神の民と一つになることをひたすら求めたいと思います。時間も労力も惜しまず、このことに努めてください。自分の働きだけに心をとらえられていてはなりません。すべての働きに心が向けられていなければなりません。

これらの真理は実に大切です。これがなければ、リバイバルの妨げとなります。リバイバルを妨げているとき、魂が光に近づけられていても、キリストの救いを邪魔してしまいます。自らをよく探り、心の中に分裂分派の気持ちがないかを確かめたいと思います。そんな思いがあるとき、主は深い悔い改めへと導いてくださいます。

コリント人への手紙第一、一二章に、お互いに与えられる御霊の賜物について記されています。そして三一節に「あなたがたは、よりすぐれた賜物を熱心に求めなさい。私は今、はるかにまさる道を示しましょう」、また一四章一節に「愛を追い求めなさい。また、御霊の賜物……を熱心に求めなさい」とあります。
ここに「よりすぐれた賜物を熱心に求めなさい」と記されています。どんな賜物にもまさるものが主の愛です。これこそ、主が私たちに与えたいと願っておられる賜物です。どうぞ愛の賜物を求めてください。
「あなたの神、**主**は、あなたの心と、あなたの子孫の心に割礼を施し、あなたが心を尽くし、いのちを尽くして、あなたの神、**主**を愛し、そうしてあなたが生きるようにされる」（申命三〇・六）。これは、私自身に絶えず恵みとなっている御言葉です。神様は、私たちの心の中にご自身の愛を保ってくださいます。
今朝、ここに私たちは一つにされ、愛の調和をもたされ、ここから神様の愛から流れ出る具体的なことを流れさせられることを願います。知恵の御霊を与えられて、学び、指導していただきたいと思います。

（末永弘海筆記）

（一九三七年〔昭和十二年〕十月十二日、有馬修養会にて）

（『霊泉』六六号、一九三八年〔昭和十三年〕十月）

『霊泉』誌より

聖霊の注ぎ

「今、聞け。わたしのしもべヤコブ、
わたしの選んだイスラエルよ。
あなたを造り、
あなたを母の胎内にいるときから形造り、
あなたを助ける主はこう言う。
恐れるな。わたしのしもべヤコブ、
わたしの選んだエシュルンよ。
わたしは潤いのない地に水を注ぎ、
乾いたところに豊かな流れを注ぎ、
わたしの霊をあなたの子孫に、
わたしの祝福をあなたの末裔に注ぐ。
彼らは流れのほとりの柳の木のように、

青草の間に芽生える。
ある者は『私は**主**のもの』と言い、
ある者はヤコブの名で自分を呼び、
ある者は手に『**主**のもの』と記して
イスラエルの名を名乗る。」（イザヤ四四・一～五）

この三節を見ると、「わたしは潤いのない地に水を注ぎ、乾いたところに豊かな流れを注ぎ」とあります。これは実に大いなる約束です。しかも今晩、ここにお集まりの皆さん一人ひとりに関わる約束です。私たちは、ただここへ、お互いに会うために来たわけではありません。私たちの主にお目にかかるために集まって来ました。私たちが祈り深く神様の御前に近づくならば、神様は常に寛容なので、私たちに最善の恵みを与えてくださいます。世の中の商取り引きでも、いつも良い注文をしてくれるならば、大きな期待をもつでしょう。そのように私は、皆さんがそうした大きな期待をもって、神様がここで大いなることをなさると信じてお集まりになったと信じています。

この集会のために、格別に幾人かの人たちが祈りました。そして祈りのうちに特別に与えられた約束、すなわち、この三節の御言葉の約束が成就されるようにと祈りをささげました。その人たちは「王のもと」に近づいて、祈り求め、そしてこのたび神様が大いなることをなさると確信しました。

ここに「豊かな流れ」という言葉があります。このたびの集まりで、豊かな水が注がれ、氾濫的な恵みが注がれるようにと祈ってきました。神様は、ここに集まったどなたに対しても、どんな求めにも応えると示しておられます。旅人が砂漠を横切り、焼けつくような太陽の下を旅するときに渇望するのは、ほかでもありません、真清水です。神様は「潤いのない地に水を注ぎ」と言われますが、この「潤いのない」の意は、実にこのような状況を指しています。どうしてもこれがなければならないという切なる渇望です。

ここに集まった皆さんには、何としても潔い心が欲しい、深い平安をいただきたい、どうにかして聖霊を与えられ、自らの心のうちに常に宿っていただきたいなど、様々な願いがあるでしょう。皆さんの渇きがどんなものであっても、神様は皆さんの渇きを癒して、豊かに恵みを注ぐことを約束しておられます。

旅人が砂漠を横切って旅をし、どこからも水を得る望みがないとき、一つの青々とした泉が開けており、そこに棕櫚の木が繁っていて美しく見えたとします。しかしそれが蜃気楼で、そこに近づいて見てみると影にすぎないということがあります。しかし、神様の約束はそうしたものではありません。文字どおりそのまま私たちに実現します。どなたも大きな願いをもって集まって来たのですから、神様にお会いし、その求めが満たされ、豊かな者とされて帰ることができます。

「水」とは、聖霊の美しい象徴です。聖書は、聖霊をいろいろな言葉で表現しています。聖霊は、ときには神の火として、ときには油として、そのほかにも様々な美しい表現で言い表されています。その呼び方にはそれぞれ意味があって、教訓に富んでいます。

いま読んだところでは、聖霊は「水」として表されています。水はどれほど美しいものでしょうか。特に渇いている者にとって、一杯の冷たい水がどんなに慕わしいことでしょうか。高い山に登って、下の平野を流れている川を見るとき、それは美しいと感じるでしょう。水そのものは実に美しいものです。しかもその「水」という言葉が、聖霊の美しい働きを表すために用いられます。聖霊はご自分を心の中に迎え入れる人に対して美しい働きをなさせます。

愛の生涯はいかに美しいものでしょうか。また、喜びに満たされている人を見ることは、美しいことです。また、心の中に平和を得、平安をもっている人は非常に美しく見えます。私たちの心の中に刻まれる聖霊の御業は、このように心の中の一切の汚れたものを取り去り、悪魔の業をことごとく駆逐して、私たちの心の中に愛と喜びと平和を与えます。そして今晩、神様はご自身の恵みを求める人々に、こうした恵みを与えてくださるのです。

そこでまず、イザヤ書四三章の終わりのほうを見たいと思います。神様が、この幸いな約束をどんな人たちにお与えになったかを見たいと思います。ここを見ると、この約束を与えられたのは、献身をした全き人ではありません。その歩みが失敗だらけの者です。二一～二二節を見ましょう。

「わたしのためにわたしが形造ったこの民は、
わたしの栄誉を宣べ伝える。
しかし、ヤコブよ、
あなたはわたしを呼び求めなかった。
むしろ、イスラエルよ、
あなたはわたしのことで疲れ果てた。」

神様はこの民を、特別にご自身の栄光のためにお造りになりました。潔い生涯を送り、神様を賛美する人たちであるようにお造りになりました。ところがここを見ると、神様は彼らに対してこう語らなければなりませんでした。彼らは失敗して、神様の召しにふさわしい生涯を送りませんでした。私たちも今日までの生涯を振り返ってみたいと思います。今晩お集まりの方々は、新生の恵みをいただいていると思います。皆さんが救われたとき、主は皆さんのすべての罪を赦して、ご自分の子となし、その後、ご自分の栄光のために生きるように、ご自分を喜ばせる生涯を送るようにと願われました。

皆さんの歩みははたしてそのようであったでしょうか。常に勝利を得ていたでしょうか。悪魔のために敗れてしまったことはないでしょうか。常に主を賛美して、他の人々を主にお導きしたでしょうか。聖霊の光が皆さんの心の隅々までも照らして探り、このようなことに対して深い自覚を与えてくださいますように。そして、神様がこのように造ってくださったのに、失敗してきたことをしっかりと自覚したいのです。

特に二二節には、祈りの生活において失敗していることが指摘されています。神様は、恐れることなくご自身に近づき、大胆に祈る自由を与えてくださいました。このような特権を与えられているにもかかわらず、これを怠ってきたとすれば、朝に夕に楽しい祈りの生活を送れるでしょうか。神様との間に真に楽しい交わりがあるでしょうか。求めて、応えられるでしょうか。

ある人が神様を求めていたときに、なかなか見いだすことができず、もうお会いできないように思い、それならもう寝てしまったほうがいいと思いました。けれども気を取り直して、あらためて神様を切に待ち望んでいたとき、神様はその人にご自身を示し、お会いくださいました。皆さんの祈りの生活は、この人のようなものでしょうか。それとも、二二節のように、皆さんに対しても神様はお嘆きになるのでしょうか。

二四～二五節で、神様はなお語っておられます。特に二四節、「あなたの咎でわたしを煩わせた」。あなたの罪がわたしを疲れさせてしまった、というのです。どれほど多くの人が、罪を繰り返す歩みをしていることでしょうか。神様の御前に悔い改め、罪を赦していただきながら、また同じ罪に戻っていきます。

けれども、神様はそうした人たちに対して、この恵みの約束を与えておられます。失敗してきたクリスチャンに、不真面目な人に対して、四四章一節で神様は仰せられます。

「今、聞け。わたしのしもベヤコブ、
わたしの選んだイスラエルよ。」

ここで神様は、私たちに対する驚くべき愛と恵みを語られます。私たちの罪の量にしたがって私たちを扱わず、また、私たちの失敗に対して御顔を隠さないのです。私たちが罪を犯しても、御顔を背けず、両手を差し伸べて近づいて来て、「罪の赦しを求めなさい」と、ご自身から求めてこられます。神様は私たちの罪についてしばしば語られますが、それをことごとく赦してくださるのです。

四三章二五節、「わたし、このわたしは、わたし自身のためにあなたの背きの罪をぬぐい去り、もうあなたの罪を思い出さない」。神の御子イエス・キリストの血は、切に求める人のすべての罪を洗いきよめます。私たちには、罪の赦しという大いなる恵みが与えられています。それゆえ四三章の終わりのところには、私たちがクリスチャンになってからの罪を赦してくださることが語られています。私たちが神様の恵みを受けることを切に願っているならば、まず私たちの罪がことごとく赦されていることについて確信をもたなければなりません。

「わたし、このわたしは、わたし自身のために」と言われる、この約束を握って、神様の御前に出て、一切の罪が赦され、消されていることを感謝したいと思います。神様と私たちの間を隔てるのは罪です。しかしひとたび主の尊い血潮がすべての罪を消し去るとき、神様と私たちの間を隔てるものは何も存在しません。それで、大胆に神様に近づいて、恵みを求めることができます。

この集会の初めにおいて、皆さんは神様が与えてくださる平安を得たいと願いました。神様は「今、聞け。わたしのしもべ」、聞け、わたしの声に耳を傾けなさい、と仰せられます。私たちは恵みを与えるとの神様の約束をいただくときに、神様の声に耳を傾けなければなりません。四四章三節、「わたしは潤いのない地に水を注ぎ、乾いたところに豊かな流れを注ぎ、わたしの霊をあなたの子孫に、わたしの祝福をあなたの末裔に注ぐ」という約束の御言葉を読むだけでなく、それぞれの心に語りかける御声としてそれらを聞きなさい。

一～二節で、神様は天からお語りになります。これはあなたを造られた主の御声です。

その第一は、「恐れるな」です。恐れは、神様の恵みを受けるのに大きな妨げとなります。悪魔は心の中に恐れを起こします。恵まれてくると、迫害が起こったり、友人からあざけられたりします。ある人はこのようなことを聞くと、すぐに心が挫(くじ)けて、神様の約束をしっかり握らなくなります。けれども、私たちは神様の御声に耳を傾け、悪魔の声に耳を塞ぐようにしましょう。神は仰せられます。「恐れるな」と。神様は、尊い血潮によって罪を消し去っておられますから、大胆に神様に近づいて、この約束を自分のものにしましょう。

神様は四三章一九節で、「見よ、わたしは新しいことを行う」と語っておられます。

これは神様の約束ですから、信仰の手を伸ばして、これを握ってください。神様はここで、いまだかつて経験したことのない新しい業を行うと言われます。新しい愛、新しい喜び、また常に勝利者とするために力を与えてくださいます。これは聖霊によって与えられる恵みです。

そして四四章三節を見ると、神様は三つの約束を与えてくださるとあります。

第一は、「潤いのない」者に対してです。渇いている一人ひとりに対して、十分に満ち足りる恵みを与えられます。神様はここにお集まりの一人ひとりをよくご存じです。そしてこの約束を与えてくださるのです。皆さんの祈りは実際に応えられ、皆さんの願いが満たされることが約束されています。

第二は、「乾いたところに豊かな流れを注ぎ」です。これはリバイバルの約束です。ここにお集まりの皆さんは、東京で、また各地で、神様の著しい御業が現れるようにと、切に求めていると思います。ここにお集まりの皆さんが、どうしても聖霊を受けよう、と確固とした決心をもって進み出るならば、神様はお約束のように、豊かに聖霊を注いでくださいます。

三十年ほど前、英国でそのような御業を見ました。すべての教会にリバイバルが起こり、何千、何万という人たちが神様に立ち返りました。神様が「乾いたところに豊かな流れを注ぐ」とは、このようなことなのです。

第三の約束は、「わたしの霊をあなたの子孫に……注ぐ」です。私たちの子孫に対しての恵みです。ここにお集まりの皆さんは毎日お子さんのために祈っていると思います。どうかこの約束の御言葉を盾に取ってお祈りしてください。

こうして神様は、第一に、一人ひとりに対して、第二に、乾いたところに、第三に、皆さんの子孫に対して、このような約束をしておられるのです。

四節、「彼らは流れのほとりの柳の木のように、青草の間に芽生える」。しばらく雨のない後に、夕立ちの大雨が降ってきたならば、畑の野菜、庭の草花はすくすくと伸びることでしょう。神様はこれと同じようなことを約束しておられます。聖霊が心の内に臨むとき、新しいいのちが萌え出ます。また、新しい証しが生まれます。残念なことは、クリスチャンが臆病になって、主イエスがどのようなお方かをさっぱり証ししないことです。主イエスは天に帰るとき、弟子たちに対して、「わたしの証人になりなさい」とお命じになりました。「大説教者になりなさい」と言われたのではなく、「大胆に証ししなさい」と語られたのです。家庭の中で、町で、そして近隣で、主を証しする存在であることを主は求めておられます。

主イエスは今晩、ここに集まった一人ひとりに、この約束を与えておられます。もしも友人が来て、多額の紙幣を渡したら、皆さんはそれを受け取るでしょう。それを見て、これはただの紙切れで、何の値打ちもないなどとは思わないでしょう。それは確かに紙ですが、それなりの価値があることを知っているからです。金や銀でなくても、日本銀行の信用に基づいてその額の金と同じ価値があることがわかります。そのように、このイザヤ書四四章三節は、ここで言われている価値があるのです。ですから、この約束をもって主のもとに近づけばよいのです。

皆さんが単純な信仰をもって、主のみもとに近づき、この恵みを主からいただくことを願います。皆さんがすべての罪を洗いきよめられて、主のところに近づきますように。この尊い約束を求めるときには、一切の罪を悔い改め、一切の汚れを振り捨てて近づきたいと思います。それらのことをなして、単純な信仰をもって、求める者に与えられると信じて求めてください。そして、主ご自身に近づいて、自らを御手に託してください。神様がこの約束を与えてくださったと証しする多くの方がいることと思います。静かに、厳かに主に近づいて、この恵みを主よりいただきましょう。

祈りましょう。

（一九三七年〔昭和十二年〕十月二十一日、東京特別聖会第一夜、霊南坂教会にて）

（『霊泉』六二号、一九三八年〔昭和十三年〕五月）

聖霊の賜物

「テオフィロ様。私は前の書で、イエスが行い始め、また教え始められたすべてのことについて書き記しました。それは、お選びになった使徒たちに聖霊によって命じた後、天に上げられた日までのことでした。

イエスは苦しみを受けた後、数多くの確かな証拠をもって、ご自分が生きていることを使徒たちに示された。四十日にわたって彼らに現れ、神の国のことを語られた。使徒たちと一緒にいるとき、イエスは彼らにこう命じられた。『エルサレムを離れないで、わたしから聞いた父の約束を待ちなさい。ヨハネは水でバプテスマを授けましたが、あなたがたは間もなく、聖霊によるバプテスマを授けられるからです。』そこで使徒たちは、一緒に集まったとき、イエスに尋ねた。『主よ。イスラエルのために国を再興してくださるのは、この時なのですか。』イエスは彼らに言われた。『いつとか、どんな時とかいうことは、あなたがたの知るところではありません。それは、父がご自分の権威をもって定めておられることです。しかし、聖霊があなたがたの上に臨むとき、あなたがたは力を受けます。そして、エルサレム、ユダヤとサマリアの全土、さらに地の果てまで、わたしの証人となります』」（使徒一・一〜八）。

「五旬節の日になって、皆が同じ場所に集まっていた。すると天から突然、激しい風が吹いて来たような響きが起こり、彼らが座っていた家全体に響き渡った。また、炎のような舌が分かれて現れ、一人ひとりの上にとどまった。すると皆が聖霊に満たされ、御霊が語らせるままに、他国のいろいろなことばで話し始めた」（同二・一〜四）。

「人々はこれを聞いて心を刺され、ペテロとほかの使徒たちに、『兄弟たち、私たちはどうしたらよいでしょうか』と言った。そこで、ペテロは彼らに言った。『それぞれ罪を赦していただくために、悔い改めて、イエス・キリストの名によってバプテスマを受けなさい。そうすれば、賜物として聖霊を受けます』」（同三七〜三八節）。

一章五節の中ごろからもう一度お読みします。「あなたがたは間もなく、聖霊によるバプテスマを授けられるからです。」

弟子たちはこの言葉を聞いたとき、どんなに喜びと感激をもって心を躍らせたことでしょう。彼らはそれまで旧約聖書を読んでいて、神様が聖霊を与えてくださることを知っていました。また、バプテスマのヨハネが主イエスを証しして、「見よ、世の罪を取り除く神の子羊」（ヨハネ一・二九）、また「その方は聖霊と火であなたがたにバプテスマを授けられます」（マタイ三・一一）と言うのを聞きました。そして、主イエスと寝食を共にして、主イエスの口より、聖霊を与えるとの言葉をしばしば聞いていました。けれども、聖霊そのものはいまだに彼らに与えられていませんでした。

ついに最後の時になって、明日は十字架にかけられるという前夜、主イエスは丁寧に聖霊について語り、「このために祈りなさい、必ず聖霊をいただける」と語られました。「（わたしが）行けば、わたしはあなたがたのところに助け主（聖霊）を遣わします」（ヨハネ一六・七）と言われました。

しかし今、よみがえられた主イエスは、弟子たちの待ち望んだ聖霊が間もなく与えられると語られました。皆さんのうちのある方は、聖霊の約束についてお読みになったことでしょう。また他の人から、それがどれほど驚くべき恵みであるかということを聞いたことがあるでしょう。

私は今晩、皆さんがこの御言葉を自分のものとして受けとめることを願っています。「あなたがたは間もなく、聖霊によるバプテスマを授けられるからです。」お互いはこの大いなる約束を心のうちにいただき、神様がこのたびこれを成就してくださるという期待をもって、神様の御前に立ちたいと思います。

かつて、この地上で神様は新しいことをお始めになりました。実に優しい慈愛をもって、ご自分の民をご自身のそばに引き寄せ、豊かな養いをもって彼らの魂を養われました。これを言葉に言い表し、「わたしが彼らの先祖の手を取って……導き出した」（エレミヤ三一・三二）と語られました。けれども民らは不従順であり、その歩みは失敗でした。それゆえ神様は新しい道を創造されました。世界における新時代の出現です。

神様は、皆さんそれぞれの心の中にその御業を始められます。そしてご自身の聖なる業を営まれます。これこそ、神様が今も私たちに与えようとしておられる新時代のご計画です。主イエスは十字架の上で尊い血潮を流されました。これがそもそもの始めです。主は私たちの心の中に聖霊を宿らせるために、まず私たちの心を潔められます。ここに私たちを集められたのは、私たちが祈りと信仰をもってご自身を求めるためです。主が先のことを語られたのは、死からよみがえった後です。

主は十字架の上で、ご自身の命を与えて、完全な贖(あがな)いをなさいました。主がこのように完全な贖いを十字架の上でなさったので、私たちは信仰によって約束の聖霊を受けることができます（ガラテヤ三・一三〜一四）。これは新しい契約です。主は、ご自身の民である私たちと新しい契約を結ばれました。私たちが自らを神の御子に明け渡すときに、この新しい契約に基づく約束が私たちのうちに成就されるのです。

これらの約束は、ヘブル人への手紙八章一〇、一一節で神様が私たちの心の中に与えようとする恵みです。ここに三つの大いなる約束が見られます。

第一に、「わたしは、わたしの律法を彼らの思いの中に置き」（ヘブル八・一〇）とあります。これは、霊的な光を与えられて、神様の御旨がどんなものであるかを悟り、神様の大いなる愛がどういうものであるかを理解できるようになるということです。神様の御言葉から約束を悟ることができるようになります。こうしたことをはっきりと心で理解することによって、私たちは神様の御旨に従って歩むようにされます。お集まりの皆さんの中には、聖書は味気のないものであると感じている方がおられるかもしれません。しかし、聖霊がひとたび臨むとき、聖書は実に尊い、私たちの生涯のために宝の書物となります。これが第一の約束です。

第二の約束は、「彼らの心にこれを書き記す」（同節）です。神様は私たちの心に働いて、御旨を喜べるようにし、愛することができるようになさいます。私たちの心は、かつてはこの世のことに引かれ、神様から遠く離れ、世のものに愛着を感じていました。けれども、第二の約束を見るとき、私たちの心の中に深い愛を注ぎ、私たちが心底から喜んで神様に仕えるようにされるとあります。このことによって、非常に近い存在である伴侶として、また私たちの神様として主を知ることができるのです。

こうしたことは、聖霊が私たちの心の中に臨むときに伴う結果です。初代教会の弟子たちは、助け主が与えられることを、どれほど期待し、待ち望んだことでしょう。聖霊が弟子たちに与えられることについて、使徒の働き〔使徒行伝〕を見ると、「聖霊によるバプテスマを授けられる」（一・五）とあります。これは、聖潔を授けるという意味です。聖霊の注ぎによって、あらゆる罪、汚れからきよめ、彼らの心に聖潔を与えてくださいました。

これは弟子たちに与えられた第一の約束です。エルサレム会議で、ペテロは立ち上がって証しをしました。聖霊が異邦人の中にどんなことをなさったかを語っています。「私たちと彼らの間に何の差別もつけず、彼らの心を信仰によってきよめてくださったのです」（使徒一五・九）と。ペンテコステの時と同じ御業が異邦人になされたことを証ししました。

どなたの心にも、聖霊が臨むときに潔めの働きがなされます。これがバプテスマです。皆さんは心の腐敗を感じ、汚れを感じ、罪に打ち負かされた過去の経験で、心のうちに深い悲しみを覚えていることがないでしょうか。私はかつて、一人の青年が書斎で、内心の罪の汚れのために何度も泣き崩れ、私のところへ来たことを記憶しています。皆さんもこういった経験をなさったと思います。皆さんも繰り返し、「神よ 私にきよい心を造り 揺るがない霊を 私のうちに新しくしてください」（詩篇五一・一〇）と叫んで、お祈りしたことでしょう。けれども、聖霊が与えられることで、賜物が与えられます。この賜物は、皆さんのためのものであり、皆さんはこれを今晩いただくことができます。

使徒の働き〔使徒行伝〕一章八節に、「聖霊があなたがたの上に臨むとき」と記されています。聖霊が与えられるとき、力を与えられるのです。これは勝利の生涯を送る力であり、主のために大胆に証しをする力です。これこそ主のために十字架を担って、どこまでも進んで主にお従いしていく力です。この力がなければ、大きな力をもって誘ってくる悪魔に打ち勝つことができません。この力がなければ、皆さんは主のために十分な証しをすることができません。けれども、今晩これが皆さんのものとして与えられるのです。

使徒パウロは、エペソの教会に、「神のすべての武具を身に着けなさい」（エペソ六・一一）と書きました。神の完全な武具を身に着け、聖霊によって力をいただきなさい、ということです。聖霊こそ神の武具です。これを身に着けるときに、悪魔に立ち向かうことができます。ですから、お互いに聖霊によって聖潔、次に力をいただきましょう。

第三の約束は、「わたしは彼らの神となり、彼らはわたしの民となる」（ヘブル八・一〇）です。使徒の働き〔使徒行伝〕二章四節に、「皆が聖霊に満たされ」と記されています。彼らの心が全く満ち足りて、今や主にあって喜んでいる状態です。

主イエスが慰め主、助け主のことについて語ったとき、この方が、わたしの平安、わたしの喜び、わたしの愛をあなたがたに与えると言われました（ヨハネ一六章等参照）。それゆえ、聖霊が私たちに与えられるとき、このような賜物で満たされるのです。ここに、恵まれた神の民の生涯の秘訣があります。

もしも天からの愛、喜び、平安が私たちのものとなるならば、私たちは恵まれた者となります。そして、これこそ今晩お集まりのお一人お一人のために備えられている恵みです。主は、それぞれをそば近くに引き寄せ、どうにかしてこの恵みを与えようと願っておられます。

主イエスは、初代教会の弟子たちに対して、新しいものを与えようとしておられます。いまだかつて経験したことがなかったものを与えようとしておられます。皆さんはすでに主イエスを信じて救われているでしょう。けれども、信仰によってこの聖霊を受けていないのかもしれません。

主イエスは弟子たちに、どうしたら聖霊を受けることができるかという道筋を示されました。皆さんもここに注意していただきたいのです。ただこのことを知っただけで満足しないようにしましょう。私たちは、聖霊をいただくまで腰を下ろしてはなりません。聖霊を受けるまで満足してはなりません。

主イエスが弟子たちに第一に語られたのは、「わたしから聞いた父の約束を待ちなさい」（使徒一・四）ということです。なぜなら、祈りは常にペンテコステに至らせる道程だからです。リバイバルはいつも、祈りの応えとして起こるのです。

そして主イエスは言われます。「あなたがたは祈りなさい。この驚くべき約束が成就するように祈りなさい」と。弟子たちはこの主の命令に従いました。皆さんも主のご命令に従っています。ここに集まって、共に祈り、こうして待ち望んでいるのは、主のご命令に従っているからです。この御言葉の約束に耳を傾けて従っています。聖霊が私たちに臨むのは、実に祈りによってです。

そこで弟子たちは、さっそく屋上の部屋に上がって、祈り会を始めました。彼らは祈ったとき、心の中に深い欠乏を覚えました。潔められる必要を感じました。他の人々に対する愛が与えられるように、主イエスを証しする力が与えられるようにと願いました。

そして自らの弱さを自覚しながら、聖霊を切に求めました。私たちも、自らの弱さ、欠乏を認め、強い求めがあるかどうかを確認し、意識したいものです。そして、砕けた心をもって、へりくだった心をもって神様の御前に近づきたいと思います。この大いなる恵みを受け取る心、そうした思いをもちたいと願います。

第二に、弟子たちは主の約束によって祈っていました。彼らは主の約束を見、悟り、これが自分たちの求めを満たすものであることを知りました。それゆえ信仰をもって集まりました。主の約束なので間違いがないと確信して、近づきました。

金持ちの父が亡くなり、遺言を残していたとして、その息子はどんな思いで遺言の中身を見るでしょうか。遺言の中に記された財産が自分のものになることを全く疑わないでしょう。皆さんも聖書をよく調べてください。神様がどんなに深い恵みを与えようとしておられるかを調べてください。

主イエスは私たちの目には見えなくなりました。それで聖霊を買い取って、私たちのために驚くべき遺産を与えると語っておられます。そのことは、私たち一人ひとりに与えられているご遺言の中に示されています。ですから、信仰をもって御前に近づきたいと思います。弟子たちは、主が十字架にかけられる直前にヨハネの福音書一四章で語られたことをよく覚えていて、神の御子が彼らに与えてくださった約束に訴えたのです。

第三に、弟子たちが共にこの祈り会を始めたとき、主が神様の御座に着かれたことを覚えていました。三年の間、共に語り、共に食事をした主が、今や天に昇られるのを見ました。そして主の御教えによって、父なる神様の右に座し、天にあって、地上のすべての権威を握っておられることを知っていました。このようにして、それほど愛し、親しい中にあった兄弟として、兄として御座におられるのを知って、共に集まって祈りました。私たちも同様に、主ご自身がおられる恵みの座に近づいて祈ることができます。

このように祈るなかで、弟子たちは聖霊を受けました。実に小さい集まりに神様の息が吹きかけられ、一人ひとりが聖霊をいただきました。祈りが応えられて、神様を賛美せずにはいられませんでした。今晩お集まりの皆さんの中にも、祈りが応えられて聖霊を受け、神様を賛美せずにいられない方が確かにいると思います。神様がお求めになることは、集まった皆さんが一人残らず、この恵みに現実にあずかるということです。

百二十人の弟子たちはこうして聖霊に満たされ、心の中に愛と喜びが満ちてきました。使徒の働き〔使徒行伝〕二章七節を見ると、エルサレムの人々が驚き、不思議に思った、とあります。弟子たちが聖霊に満たされている姿を見たわけですが、当時のエルサレムは、霊的にはかなり頑なな町であったようです。けれども、この一握りの弟子たちが聖霊に満たされたことで、驚き、これを不思議に思ったわけです。今回この与えられた時を通して、東京すべてを動かす恵みが私たちに与えられますように。かつて東京でも、あちこちの教会において、聖霊に満たされた兄弟姉妹が与えられたことで、周囲の人々が驚き、不思議に思ったことがありました。今回もそのようになることが神様のご計画であると信じます。これこそ全市のリバイバルです。

ペテロは、どのようにしてこの恵みが来たかを語ります。

第一に、これこそ神様の約束に基づいたことであり、預言者ヨエルに神様が語った約束をこのように成就された、と述べています。このことは私たちを励まします。ここで語られた約束は私たちにも実現します。

さらにペテロは言葉を進め、聖霊がどのようにして与えられるかを語ります。行われた一切は神の御子であるキリストによる、と言いました。キリストは十字架に命を捨て、凱旋的勝利をもって死からよみがえられました。このよみがえりによって悪魔を粉砕されました。

そして今や神様の御座に上り、聖霊を注いでくださいました。これは、皆さんの家々に水道が引かれているのに似ています。かつては水道がなく、それぞれの家に井戸がありました。けれども技師たちが山の上に貯水池を設け、そこから水道管を設備しました。さらに細い管で、それぞれの家に水を配りました。私たちは今、栓をひねることで水を得るように、信仰によって聖霊を受けることができます。

水道の工事には、巧みな知恵をいろいろと要したことでしょう。けれどもペテロは語ります。私たちが聖霊を受けるために、キリストが一切の業を成し遂げてくださった、と。このために主はご自身の愛を注ぎ出し、ご自身の命さえも注ぎ出してしまわなければなりませんでした。主が自らを注ぎ尽くしてくださったゆえに聖霊をいただくことができます。この驚くべき御業によって、聖霊の賜物を私たちのそば近く、手の届くところに与えてくださったのです。

人々は、ペテロの説教を聞いて心を刺され、罪を犯し、主に逆らっていた、と自覚しました。そして叫び出しました。「私たちはどうしたらよいでしょうか」（二・三七）と。今晩、皆さんもこの人たちと同じように、自分がどれほど神様に対して反逆してきたかと、自らの罪に心を刺されていることでしょう。

そこでペテロは彼らに答えて、どうすればこの恵みを受けることができるかを語ります。彼らのために、過去の罪に対して赦しがあることを告げます。不信仰の罪、反逆の罪をことごとく赦されるのです。自分の犯した罪について自らその報いを受けるのではなくて、神の御子がすべて引き受けてくださって、一人ひとりに対して豊かな赦しがあるということを告げます。私たちもこれを深く心のうちに刻みたいと思います。

主が私たちの罪をすべて始末してくださったと自覚するときの喜びはどれほどのことでしょうか。神様に対して完全な平和があり、親しさを自覚します。このようにして、主イエスの血は、すべての罪より私たちを潔めます。ペテロはこのような赦しがあることを語り、それのみでなく、「賜物として聖霊を受けます」(二・三八)と言います。これはなんと驚くべき約束でしょうか。神様に背いてきた民、神の御子を捨てた人々も、神様の最善、最高の恵みである聖霊をいただくことができるとは。これは主の血がいかに力強いものであるか、そして、罪を徹底的に取り除くものであることを物語っています。

これは私たちの信仰を励まします。それゆえペテロは言います。「悔い改めて、信じなさい」と。悔い改めとは、一切の罪を放棄することであり、また自らを主の御手に明け渡すことです。今より後、自分のためではなく、神様のために生きることです。今晩、しっかりとした悔い改めが起こりますように。そして、進んで主の御手に明け渡しが行われますように。そして信じることです。この約束は私たちそれぞれに与えられたものです。「この約束は、あなたがたに、あなたがたの子どもたちに、そして遠くにいるすべての人々に、すなわち、私たちの神である主が召される人ならだれにでも、与えられているのです」（二・三九）。これは一人ひとりのためのものです。この三九節の中に、自分の名前を書き込んでみてください。

そしてこの約束は私たちの子孫のためのものです。神様は、皆さんの子らが罪より潔められて、聖霊を受けることを望んでおられます。両親である方々よ。子らのためにこの約束を握りなさい。私は、赤ん坊がこの聖別会に連れて来られるのを見たいと思います。この約束は赤ちゃんにも与えられたものです。その子たちには何もわからないにしても、です。

この約束は、遠くにいる人たちにも及んでいるのです。時間的にも、空間的にも私たちは遠い者でした。けれども、遠く隔たっていた者にもこの約束は与えられています。神様はさらに門を広く開いておられます。それゆえ、「私たちの神である主が召される人ならだれにでも、与えられているのです」と記されているこの御言葉によって、今晩ここにおられる方で、この約束からもれている人は一人もいません。神様は新しいことをなそうとしておられます。皆さんがこれまで経験したことよりもはるかにまさった恵みを与えたいと願っておられます。ペテロは言います。「賜物として聖霊を受けます」（三八節）と。

あの日、聖霊を受けた人は三千人いました。そしてそれは、エルサレムのリバイバルの導火線となりました。神様は皆さんの心を、全き明け渡しに導き、信仰へと導かれます。これまで読んできた神様の御言葉に基づいて、信仰をもって、聖霊によるバプテスマを期待し、神様の御前に近づきたいと思います。

祈りましょう。

（小野沢清円筆記）

（一九三七年〔昭和十二年〕十月二十二日、東京特別聖会第二夜、霊南坂教会にて）

（『霊泉』六五号、一九三八年〔昭和十三年〕八月）

聖霊によるバプテスマ

「ウジヤ王が死んだ年に、私は、高く上げられた御座に着いておられる主を見た。その裾は神殿に満ち、セラフィムがその上の方に立っていた。彼らにはそれぞれ六つの翼があり、二つで顔をおおい、二つで両足をおおい、二つで飛んでいて、互いにこう呼び交わしていた。

『聖なる、聖なる、聖なる、万軍の**主**。
その栄光は全地に満ちる。』

その叫ぶ者の声のために敷居の基は揺らぎ、宮は煙で満たされた。私は言った。

『ああ、私は滅んでしまう。
この私は唇の汚れた者で、
唇の汚れた民の間に住んでいる。
しかも、万軍の**主**である王を
この目で見たのだから。』

『霊泉』誌より

すると、私のもとにセラフィムのひとりが飛んで来た。その手には、祭壇の上から火ばさみで取った、燃えさかる炭があった。彼は、私の口にそれを触れさせて言った。

『見よ。これがあなたの唇に触れたので、
あなたの咎は取り除かれ、
あなたの罪も赦された。』

私は主が言われる声を聞いた。『だれを、わたしは遣わそう。だれが、われわれのために行くだろうか。』 私は言った。『ここに私がおります。私を遣わしてください』」(イザヤ六・一〜八)。

五節の終わりを、もう一度お読みします。「万軍の主である王をこの目で見たのだから。」 このように言えるのは、実に大いなることです。しかも今晩ここに集い、あるいは一昨晩集った方々は、真実の意味で、この言葉のように言うことができます。今晩も主は私たちに、ご自身を現してくださると思います。確かに肉の目では見ることができませんが、内なる心の目で見ることが可能です。そして、主は私たちと共にここにおられることを確信します。

このようにして、主は、天からの火をイザヤに与えたように、今晩ここにお集まりになった一人ひとりに与えようとしておられます。私たちお互いが恵まれるのは、主にお目にかかる場所においてです。私たちが御霊をいただくのは、牧師からでなく、場所からでもありません。私たちは、神様ご自身の御前に近づいて、その御手からいただくのです。私たちはこのように集まって、主を求めていますが、神様対私と、神様と二人になって、その御手より聖霊の火をいただくことができます。

主イエスが、十字架の上で霊を渡されたとき、神殿の幕が上より下まで真っ二つに裂けました。あれは何を私たちに示しているのでしょうか。それは、私たちが神様の御前に近づく妨げとなる一切のものは取り除かれ、大胆に御前に近づいて、御手から聖霊をいただくことができることを示しています。これこそ青年イザヤが、ここでいただいた恵みです。イザヤは神様と自分の間に何の隔てもないのを見ました。高い御座におられる主を見ました。ヨハネの福音書によれば、この栄光の主こそ神の御子イエス・キリストです（一章）。

今晩、私たちの目は、主ご自身に向けられています。主は私たちのために十字架にかけられ、よみがえって、今や天の御座に着き、すべての権威をもっておられます。罪を赦す権威をもち、心を潔めるあらゆる権威をもち、聖霊を与えるすべての権威を握っておられます。

主イエスが地上におられたとき、人々の間を歩み、貧しい民を顧み、その祈りに応え、すべてを与えておられました。主は今、人の子の姿でもって地上を歩んでおられません。拝される姿で天におられます。主がかつて地上において求めて来る人たちのすべての願いに応えたように、今、拝されるお方として人々の求めに応えてくださいます。

イザヤはこのとき、すぐに御座で拝されている主を見たのではありません。主に仕えるしもべたちの姿をまず見ました。それはセラフィムでした。その意味は「燃える者」です。主は、私たちの深いへりくだりと愛を受けるに値するお方です。けれども私たちは過去を振り返ると、冷ややかな奉仕をしてきたのではないでしょうか。主が私たちに対する愛のために一切を注ぎ出してくださったことを理解できずにきました。主の熱烈な愛に対して、私たちも深い愛のご奉仕をもって応答すべきでした。主がもし今晩、皆さんに、これまでの奉仕が二心のものであったと示されたなら、それを悔い改めて、ここからあらためて深い愛をもって主に奉仕することを求めるようお勧めします。

セラフィムには、それぞれ六つの翼があって、その翼をもって神様を礼拝し、翼をもって飛び、命令一下どこへでも奉仕に出て行きました。二つの翼で顔を覆います。自分が神様を見るにふさわしくないということです。また二つの翼で足を覆います。神様に自らの姿をお見せしないということです。実に深い愛とへりくだりをもって神様を拝していました。そして、他の二つの翼で神様の御座の周りを飛び、神様のご命令に直ちに従って奉仕しているのです。

私たちが火を受けるならば、ちょうど同じようになります。深い愛をもって主を拝し、ご命令があれば、迅速にそこへ行くということです。イザヤは神様に対する奉仕がどういうものであるかを、まざまざと見せられました。そして、これまでの奉仕のあり様を指摘され、心を深く刺され、過去の失敗と罪を自覚しました。このようにして、神様の前に自ら砕かれ、悔いた心をもって、神様の前に叫び出しています。

五節を読みましょう。「ああ、私は滅んでしまう。この私は唇の汚れた者で、唇の汚れた民の間に住んでいる。しかも、万軍の主である王をこの目で見たのだから。」イザヤはここで、特別に自分の唇が潔(きよ)くないことを示されました。私たちの多くが、この罪について神様から示されるのではないでしょうか。私たちの唇からも、しばしば汚れた事柄、世俗的な事柄、他の人に対する不親切な事柄が発せられているのではないでしょうか。私たちの唇は、潔(きよ)い愛をもって神様を賛美することに失敗してきたのではないでしょうか。主イエスのことを他の人々に語ることについても失敗してきたのではないでしょうか。

ヤコブの手紙三章五～六節に、「同じように、舌も小さな器官ですが、大きなことを言って自慢します。見なさい。あのように小さな火が、あのように大きな森を燃やします。舌は火です。不義の世界です。舌は私たちの諸器官の中にあってからだ全体を汚し、人生の車輪を燃やして、ゲヘナの火によって焼かれます」と記されています。私たちの小さい舌から出る言葉が、どれほど大きないさかいをかもし出してきたことでしょうか。私たちも、神様の前に自分の唇が汚れたものであることを告白すべきです。

イザヤはこの汚れのために、自分は滅ぶべきものであると告白しています。唇だけでなく、心が腐敗しきっていると、砕かれた心をもって自らの立場を神様の前に告白しました。そのような告白に対しては、神様はすぐに潔めを下さいました。

イザヤはこのとき、潔めを神様からいただきました。神様は火急な御業をなすことを喜ばれます。直ちにイザヤの咎(とが)を除き、罪を潔めただけでなく、さらなる恵みも与えてくださいました。天からの火を与えてくださったのです。

六～七節を見てください。「すると、私のもとにセラフィムのひとりが飛んで来た。

その手には、祭壇の上から火ばさみで取った、燃えさかる炭があった。彼は、私の口にそれを触れさせて言った。『見よ。これがあなたの唇に触れたので、あなたの咎(とが)は取り除かれ、あなたの罪も赦された。』」このときイザヤはすぐに熱い火、すなわち祭壇から取った熱い火をいただきました。これは聖霊の火です。これはペンテコステの日に、主の弟子たち一人ひとりに与えられた祭壇からの火です。

私たちの祭壇は、主イエスの祭壇です。私たちが聖霊の火をいただけるのは、主イエスが十字架で全き代価を払ってくださったからです。

神様は聖霊の火を与えて、イザヤの生涯と性格を一変させられました。そのようにして、イザヤに確信をお与えになりました。「あなたの咎(とが)は取り除かれ、あなたの罪も赦された」という確信です。そして神様は皆さんにこの経験を与え、聖霊の火を与えるときに、そのようにされたという確信を与えるのを喜ばれます。

今やイザヤは、潔められた唇をもって、御座の周りの者とともに神様を賛美することができました。こうして神様の御前に立ちながらも、神様の御声を耳にするようになりました。主の御声を聞くことができるのは、潔められた心のみです。そして、イザヤが神様の御前に立って聞いた神様の御声は、「だれを、わたしは遣わそう。だれが、われわれのために行くだろうか」でした。このときイザヤは大胆に自ら進み出て、この御用のため自らを差し出しました。主の愛に引かれて、自分を恵んでくださった主に対して、身も魂も献げずにはいられませんでした。

それで、彼は申し上げました。「ここに私がおります。私を遣わしてください」と（八節）。皆さんも聖霊の火を受けるとき、ちょうど同じようになります。主イエスのために何かを行うときには、喜んで行うのです。皆さんのうちに主の愛が燃えているならば、喜んで行うことができます。そして皆さんが愛のゆえに主に自らをお献げするとき、主は皆さんを遣わし、用いてくださいます。

私は今晩、ここにおいでになる皆さんが、身も魂も主に献げて聖霊を心のうちに受けると信じています。けれども主が求めておられるのは、心が潔められた者、聖霊の火に燃やされた者たちです。神様はこのイザヤの話を通して、どのようにこの恵みを受けるかを示しておられます。神様は喜んで恵もうと待っておられますが、皆さんの心はどうでしょうか。皆さんも主の御前に喜んで近づいて、主が皆さんの心を潔めてくださることを願いますか。全霊全生全身を主に明け渡しますか。喜んで主ご自身のものとなりますか。

皆さんが主に一切を明け渡すとき、火は来ます。そして皆さんは全き心をもって主を愛するようになります。力の限りを尽くして神様を愛するようになるのです。

祈りましょう。

（一九三七年〔昭和十二年〕十月二十三日、東京特別聖会第三夜、霊南坂教会にて）

（『霊泉』七二号、一九三九年〔昭和十四年〕四月）

燃え続く聖霊

「モーセは、ミディアンの祭司、しゅうとイテロの羊を飼っていた。彼はその群れを荒野の奥まで導いて、神の山ホレブにやって来た。すると**主**の使いが、柴の茂みのただ中の、燃える炎の中で彼に現れた。彼が見ると、なんと、燃えているのに柴は燃え尽きていなかった。モーセは思った。『近寄って、この大いなる光景を見よう。なぜ柴が燃え尽きないのだろう。』**主**は、彼が横切って見に来るのをご覧になった。神は柴の茂みの中から彼に『モーセ、モーセ』と呼びかけられた。彼は『はい、ここにおります』と答えた。神は仰せられた。『ここに近づいてはならない。あなたの履き物を脱げ。あなたの立っている場所は聖なる地である。』さらに仰せられた。『わたしはあなたの父祖の神、アブラハムの神、イサクの神、ヤコブの神である。』モーセは顔を隠した。神を仰ぎ見るのを恐れたからである。

主は言われた。『わたしは、エジプトにいるわたしの民の苦しみを確かに見、追い立てる者たちの前での彼らの叫びを聞いた。わたしは彼らの痛みを確かに知っている。わたしが下って来たのは、エジプトの手から彼らを救い出し、その地から、広く良い地、乳と蜜の流れる地に、カナン人、ヒッタイト人、アモリ人、ペリジ人、ヒビ人、エブス人のいる場所に、彼らを導き上るためである。今、見よ、イスラエルの子らの叫びはわたしに届いた。わたしはまた、エジプト人が彼らを虐げている有様を見た。今、行け。わたしは、あなたをファラオのもとに遣わす。わたしの民、イスラエルの子らをエジプトから導き出せ』」（出エジプト三・一～一〇）。

今、一〇節をこう読み変えましょう。「今、行け。わたしはあなたを遣わす。あなたはわたしの民を罪の中から救い出して、栄光のうちに導き出せ。」

神様は、ご自身の働き人、証し人を召し出そうとしておられます。そして、周囲の罪人たちを暗黒の中から引き出して、栄光のうちに導こうとしておられます。イスラエルの子らは長年の間、敵の支配下にあり、奴隷の生活を過ごし、厳しい苦難の中にうめいていました。けれども天におられる神様は、そのあり様を見て、顧みられました。

罪人たちの悩みに、天の神様は目を注いでおられます。それゆえ天から降（くだ）り、そこにリバイバルを起こし、人々を暗黒から引き出し、栄光ある自由に入れようとなさいます。けれども、そのためにはこの使命の言葉を携えて行く人の声を必要となさいます。

神様はこの午後、皆さんに語っておられます。私たちの心の中に語られます。この栄光ある働きに召し、他の人々を主のもとに導かせようとなさいます。

このときモーセは荒野にいましたが、神様は彼の注意を促し、彼に語られました。ご自分の言葉を携え、民のもとに出て行かせようとなさいました。神様は、日本の多くの人の心から上る叫びをお聞きになります。多くの人たちが罪のために倦み疲れ、苦しんでいます。平安の道はないかとあがき求めています。あらゆる手段を尽くし、どうにかして平安を見いだそうとしている幾百万の人がいます。あの神、この神にと祈っている人たちがいます。そのやり方は正しい知識に基づかず、間違っていても、真剣な叫びに心動かされます。悩んでいる様子、痛んでいる実情は皆さんもよくご存じだと思います。神様もこれをよく知り、なんとか真の救いを与えたいと思っておられます。

今一度、一〇節をお読みしましょう。「今、行け。わたしは、あなたをファラオのもとに遣わす。わたしの民、イスラエルの子らをエジプトから導き出せ。」神様は、ご自身の言葉を携えて行く器を必要とし、燃える柴の中からご自身を現されました。

二節の中ごろよりお読みします。「彼が見ると、なんと、燃えているのに柴は燃え尽きていなかった」と。実に不思議なことです。この柴は燃え尽きず燃え続けています。モーセはおそらく、荒野においてしばしば柴が燃えるのを見たことでしょう。それらは燃え上がると、たちまち消えてしまいました。モーセ自身もちょうどそのような状態でした。イスラエルの民を救おうと非常に熱心でした。けれども彼の心の中の火はすぐに消えてしまいました。それは四十年前のことでした（使徒七・二三、三〇）。そうであったとしても、神様は彼を燃える者、生涯を通して燃え続ける者としたいと思われました。モーセはなぜその柴が燃え尽きないのかを見ました。彼は見ました。この柴の中に神様がおられ、燃え尽きないように保っておられるのを。

神様はご自身の栄光のために、燃え続ける柴を私たちの中に創造したいと思っておられます。皆さんの中には、過去の生涯を振り返って、熱心な時代を思い返す方もおられるでしょう。祈ることに、聖書を読むことに熱心であり、主と交わった楽しい時を思い出す方もおられるでしょう。そうしたときには、顔に微笑みをたたえて人々に近づき、キリストの中にどれほどの慈愛があるかを証ししていました。ところが今は変わってしまいました。あの熱心は今では消えて冷たくなっています。

神様はモーセにもう一度語りかけられます。モーセもかつてこの類の失敗者でしたが、神様は今一度彼に語られました。モーセは失敗しましたが、神様はそんな彼を切り捨ててしまうことなく、今一度彼を立てて、用いようとされます。神様は皆さんをも失望させません。かつてつまずき倒れた者に対しても、もう一度あわれみ深い心をおもちになります。そして燃える柴として神様のために燃える者としてくださいます。

主は聖霊を与え、聖霊が皆さんのうちに宿り、ご自身をそこで燃え上がらせようとなさいます。モーセにとって、それは驚くべき神様の語りかけであったでしょう。これより後、モーセは天からの火を内に宿す存在となりました。そして、神様の友として、神様とお話しする存在となったことは驚くべきことでした。イスラエルの民を約束の地に導くようになるのです。もちろんそこには困難がありました。けれども内に住んでおられる聖霊によって、あらゆる困難に打ち勝ち、前進しました。モーセは大群衆を救い出して、栄光ある自由に入れようとしたのです。

神様は聖霊によって、これと全く変わらない力をここでも準備しておられます。パウロは救いの後、間もなく聖霊の火をいただきました。そのようにして主イエスのものとなってから、様々な困難に遭遇しました。しかし彼の内におられる聖霊は燃え続けました。パウロの内におられた聖霊は、彼に愛の熱を与え、喜びで満たし、彼を力づけました。人々に主を示すために、大いなる力を与えました。パウロは全生涯を通じて喜びと楽しみに満たされていましたが、これは彼の内におられる聖霊のゆえでした。願わくは、この午後、ここに集っている皆さんが、この火を心の内に受けますように。

『天路歴程』の中に、非常に美しい物語があります。一つの所でしきりに火が燃えています。一人の人がそれを消そうとして、懸命に水をかけていますが、火はますます燃え上がります。それを見た旅人は壁の後ろに連れて行かれ、一人の輝いた顔をした人がそこで油を注いでいるのを見ます。そのために火は消えずに、ますます燃え上がっていたのです。

神様は皆さんにもこれと同じ火を与えたいと願っておられます。また聖なる油でこれを支え、ますます高く燃え上がらせます。悪魔は火を消そうとしてあらゆる手段を尽くしてきます。しかし、あなたのうちの火は決して消えません。周囲の人々は不思議に思うはずです。これは、主が恵みをもってあなたに働いてくださるからです。悪魔が私たちの心の中に不信仰を投げ込むことができないのは驚くべきことです。私たちは常に主イエスを友とし、守り手としているので、主は私たちを常に助け支えてくださるのです。

神様はこのとき、モーセに燃える柴を見せ、彼を燃える者として仕えさせようとしましたが、それと同じように、私たち一人ひとりをも燃える者とし、燃え続ける存在にしようと願われます。神様はここにお集まりの皆さんに、火に燃えている人とはどういうものであるかを示しておられます。皆さんの生涯を、常に燃えるものであり、人々に熱を与え、光を与えるものとすることができます。

皆さんは、この燃える生涯の幻を、聖書を読んで、至るところに見いだすことができます。聖書の中に、主イエスが聖霊と火をもってバプテスマを施すお方であることを読みます。また、「あなたがたのうちには、御子から受けた注ぎの油がとどまっている」（Iヨハネ二・二七）と記されています。そのほか様々な御言葉によって、皆さんを恵もうとしておられるのがわかるでしょう。そして、実際に燃える柴を示しておられます。

お集まりの皆さんの中には、笹尾鐵三郎先生、パゼット・ウィルクス先生、柘植不知人先生をご存じの方もいるでしょう。そのほか多くの人たちのことを思い起こすことができるでしょう。神様は、その人たちのことを思い起こさせて、皆さんをそのあとに倣わせようとしておられます。この人たちは口をそろえて、自分たちは一切を主に献げて、約束に基づいて祈り、聖霊が臨んで、このようになったと答えることでしょう。

モーセが受けた聖霊の火は、消えることなく燃え続けました。モーセは神様の前に自らを正直に明け渡しました。神様とともなる潔い歩みをするのを妨げるものが何であるかをはっきりと理解しました。そのためにどれほど大きな代価を払わなければならなかったことでしょうか。モーセは神様にすべてを明け渡しました。モーセの献身について、ヘブル人への手紙一一章二四～二六節を見ましょう。「信仰によって、モーセは成人したときに、ファラオの娘の息子と呼ばれることを拒み、はかない罪の楽しみにふけるよりも、むしろ神の民とともに苦しむことを選び取りました。彼は、キリストのゆえに受ける辱めを、エジプトの宝にまさる大きな富と考えました。それは、与えられる報いから目を離さなかったからでした。」

モーセはファラオの娘の子とされていました。エジプトの国の後継ぎです。歴史を見ると、当時のエジプトは天下の大王国でした。けれどもモーセは、後継ぎであることがイスラエルをエジプトから救い出す妨害となるのを知って、進んでそれを投げ捨てました。エジプトでは王の一族であり、どんな楽しみをもほしいままにすることができました。しかしそれが自分の務めを妨げることを知って、投げ捨ててしまいました。また王の一族として大きな富が与えられていましたが、これをも投げ捨ててしまったのです。

私たちが神様とともに潔く歩む者となるためには、世俗から、罪から、きれいに絶たれていなければなりません。そのようにして私たちは神様ご自身の世継ぎとされ、神様の御前より来るすべての喜び、富で満たされるのです。皆さんが主イエスのために、捨て、明け渡してしまわなければならないものが何であっても、それに増して百倍以上の報いがあります。もし私たちの生涯を祭壇の上に献げるならば、神様は聖霊で満たしてくださいます。

そして聖霊の火には、私たちを潔める力があります。私たちが潔くされるのは、ただ聖霊の火によってのみです。なぜなら、火は物質の成分の中に入り込んだ滓を取り除くからです。聖霊の火は皆さんの品性、品格、存在の内部まで入って、私たちを変えます。皆さんの心を潔め、思いを潔めます。

火は常に輝き、周囲に熱を与えますが、聖霊の火もまさに同じようです。聖霊が皆さんの心の中から輝き出て、他の人を熱くします。

また聖霊は、皆さんの心の中に真の喜び、楽しみをかき立てます。そして周囲の方々が、皆さんのうちにある天からの喜びを見て不思議に思うでしょう。自分たちもあのような尊い宝を得たいと思うでしょう。聖霊は、皆さんの心の中に平安を与えてくださいます。この平安を悪魔はかき乱すことができません。また、内にある聖霊の火は輝き出て、周囲の暗闇を征服してしまいます。暗い部屋の中で一本のマッチの光は、ある程度まで周囲の暗黒を征服します。聖霊の火も周囲の人々に光を与えます。

皆さんが心の中に聖霊を受け入れているならば、家族も、近隣の人たちもきらめく何ものかを見いだすでしょう。そして天より来る聖霊は前進します。他のものに燃え移っていきます。他のものに燃え移るのは火の性質です。周囲の人々に聖霊の火は伝わっていき、神様を愛し、自分たちも神様に仕えるという決心を促すようになります。

あの放蕩息子が遠い国より父のもとに帰って来た理由は、何だったでしょうか。父の家では雇い人も豊かに暮らしているのを思い出したからです（ルカ一五・一一〜三二）。神様にお仕えしている皆さんの日常の生活が、喜びと平安にあふれているのであれば、放蕩している周囲の人たちはそれを見て、神様のもとに帰ろうと決心するでしょう。

モーセは神様に一切を明け渡しました。神様はここで彼を遣わそうとされました。私たちが聖霊を受けるのは、神様の御顔の前です。皆さんは何千人の集まりの中にあっても、神様と二人だけの状態となり、周囲の一切を忘れて、祈りのうちにただひとり、神様ご自身に近づくことができます。集会が終わってから、人を避けて密室で神様ご自身を仰ぎ、神様と二人きりになることができます。とにかく神様とお会いすることが本質的に必要なのです。なぜなら、聖霊は、個人的な関わりの中で神様からいただくものだからです。

モーセはこのように神様と出会いました。神様はモーセに、ご自分がどれほど民を愛しているかを語り、そして「今、行け。わたしは、あなたをファラオのもとに遣わす。わたしの民、イスラエルの子らをエジプトから導き出せ」（出エジプト三・一〇）とお命じになりました。最初、モーセはいろいろな言い逃れをしました。（皆さんは家に帰って、出エジプト記三章の終わりから四章にかけてお読みください。）けれども神様はモーセに一つ一つ答えて、その言い逃れに勝利されました。結局、モーセは一切を神様に差し出さなければなりませんでした。神様はモーセをついに「燃える者」とし、彼のうちにお住みになりました。

モーセはまずファラオに会わなければなりませんでした。ファラオは最も困難な人物に見えました。道に立ちはだかる妨げと見えましたが、モーセはファラオの面前でも燃え続け、ついにイスラエルをエジプトから救い出しました。けれどもエジプトから救い出した後には、イスラエルの民らは様々な不平を並べ立ててモーセを困らせました。そのため四十年の間、荒野をさまようことになりました。それでもモーセのうちにあった火は下火にならず、長年燃え続け、イスラエルを約束の地のほとりまで導いたのでした。

聖霊が私たちに臨むならば、それこそがリバイバルの糸口です。私たち以外の多くの人々が、暗闇から、エジプトから救い出されて、神様が備えておられる約束の地にまで導き入れられるという糸口です。私たちは今回の特別聖会の終わりに臨んでいます。神様はこの三、四日を通して、皆さんの心に厳かに語られました。このたびの機会は、神様が皆さんに近づいて、聖霊を豊かに与えてくださる時となりました。

皆さんはどこでも恵みを受けることができるでしょう。けれども神様は、信仰と恵みに進む機会を与えてくださいました。皆さんに、すべてを神様に明け渡す喜びがどれほどであるかを示されました。神様は、皆さんが心を開いて聖霊を受けることを求めておられます。このたび皆さんに与えられた機会は、これが最後です。皆さんが神様の御声を聞き、これに従われることを願っています。罪を正直に言い表し、振り捨ててしまいますように。神様から潔い心をいただきますように。そして単純な信仰をもって、神様の約束をお求めになるように。ごいっしょにこの賛美歌を歌いましょう。私たちの祈りとして、求めとして、聖歌五八番を歌いましょう。

（小野沢清円筆記）

（一九三七年〔昭和十二年〕十月二十四日、東京特別聖会第四日最後の夜、霊南坂教会にて）

（『霊泉』六七、六八号、一九三八年〔昭和十三年〕十一月、十二月）

あまたの溝を設けよ

「彼は次のように言った。『主はこう言われます。「この涸れた谷にはたくさんの水がたまる。」 主がこう言われるからです。「風を見ず、大雨を見なくても、この涸れた谷には水があふれる。あなたがたも、あなたがたの家畜も、動物もこれを飲む」』」（Ⅱ列王三・一六～一七）。

これはこの夕べ、ここにいる私たち一人ひとりに対する御言葉で、神様は「涸れた谷にはたくさんの水がたまる」という、この光栄あるお約束を私たちに与えてくださいました。祝福はいつも、命令に応えて、お約束を信じる時に来ます。

「谷」は、私たちがお受けする容量を表すもので、神様は彼ら三人の王（イスラエルの王、ユダの王、エドムの王）に、彼らの生命と彼らの家畜の生命を保つに十分な水を与えようとしておられますが、谷は水を貯めるために造られます。そして私たちの望むところと祈ることとは、聖霊が与えられることであり、かつ祝福が私たちの心にとどまって、私たちが主の栄光に至るまで永遠に生きることとです。

一八節を見ると、水を与えることとは、主の目にはきわめて小さなことであったとあります。初めはそうであって、終わりには勝利となりますが、神様はそのようにして聖霊を私たちに与え、勝利の生涯を続けさせてくださいます。

これら三組の軍隊は、大きな危険と悩みの状態にありました。そこには水が欠乏していました（九節）。そこで彼らの進軍が妨げられていましたし、一方、彼らの敵はその弱みにつけ込んで、攻撃して来る準備をしていました。それで、彼らの前には望みはなく、ただ敗北と死を待つのみでした。私たちは今日、周囲にある様々な状況から、あるいは私たちが読む書物から、神様の教会の多くがこれと同じような状態にあることを知ります。

主イエスは、聖霊の絶えざる臨在を約束しておられます。ですから、神様の教会に聖霊の臨在と力が欠けているのを見ることとは悲しむべきことです。私たちは、主がご自分の民に約束された喜びと、罪に打ち勝つ勝利について、人々に証しする力と、主のもとに人々を導くことについて、いくらかのことは知っています。それで私たちが必要とするものと、私たちの弱点について、私たち自身の心に深い悔い改めと確信が起こることを願います。

これらの軍隊は、自分たちの欠乏について自覚しました。そこで神様のお導きについて主を求めました（一一節）。人の意見や人の経験に頼らずに、勝利を得るために神様が導いてくださることを求め、主にお尋ねすることを願いました。私たちはこれと同じ目的をもって共にここにいます。私は、皆さんが御言葉を通して、聞くすべてのものを試すことを願うものです。そして、皆さん一人ひとりは、神様が言われるところを、神様の言葉の中に求めていただきたいと思います。

心を静めて、神様の言葉を受けるために、エリシャは「今、竪琴を弾く者をここに連れて来てください」（一五節）と言いました。音楽は、神様の民の祝福のために、そして彼らの心に静まる霊を生じさせ、神様を拝し、御言葉を聞くために、神様に用いられるものです。このとき楽器が奏でられ、歌が歌われたことでしょう。おそらく彼らは、私たちがよく知っている詩篇を歌ったのではないでしょうか。

「苦難の日に
主があなたにお答えになりますように。
ヤコブの神の御名が
あなたを高く上げますように。
主が聖所からあなたに助けを送り

シオンからあなたを支えられますように。……
ある者は戦車を　ある者は馬を求める。
しかし私たちは
私たちの神　**主**の御名を呼び求める。」（詩篇二〇・一～七）
あるいは詩篇六三篇を歌ったでしょう。
「神よ　あなたは私の神。
私はあなたを切に求めます。
水のない　衰え果てた乾いた地で
私のたましいは　あなたに渇き
私の身も　あなたをあえぎ求めます。」（一節）

こうして主は、エリシャに近づいて、いま私たちが熟考しているお約束と命令をお与えになりました。ペンテコステを表すような詩篇六八篇に、「神よ　人々はあなたの行列を見ました。聖所で　私の王　私の神の行列を。歌い手が前を進み　楽人が後に続く。タンバリンを鳴らすおとめたちのただ中を」（二四～二五節）とあります。これはご自身の栄光のために、音楽と歌が用いられるところに神様が近づくことを、私たちに教えています。

王たちは祝福を得るためにしなければならないことを教えられ、そして祝福が来ることについて確かな約束が与えられました。そのようにして不可能と思われたことが成し遂げられ、彼らの渇きが癒され、さらに勝利も与えられました。

「涸れた谷」とありました。これは私たちに何を意味するのでしょうか。これは神様の祝福を妨げている何か悪い行動が私たちのうちにありはしないか、心を深く探ってみなさい、ということです。ホセア書一〇章一二節に、「耕地を開拓せよ。今が主を求める時だ」とあります。これは、あなたの思い、生涯、読んだ書物、新たに見たことなど、すべてが御旨にかなうものであるかを祈りによって探ってみるということです。詩篇一三九篇には、「神よ 私を探り 私の心を知ってください」(二三節)とありますが、この御言葉に立って、繰り返しよく祈ってみることです。

「耕地を開拓せよ。」 この命令は、あなたの信仰と期待を広くしなさい、ということです。神様が御言葉を実現してあなたの信仰を強め、不信仰をあなたの心からすべて追い出してくださることを期待することです。詩篇八一篇一〇節に、「あなたの口を大きく開けよ。わたしが それを満たそう」とありますが、それは「神様から多くのものを期待しなさい」ということで、あなたが求めたり、考えていたりするものよりも、さらに多くのものを神様は与えてくださるということです。使徒パウロがコリントの信者たちに、「コリントの人たち、……あなたがたも心を広くしてください」（Ⅱコリント六・一一～一三）と勧めていますが、これは、神様が約束してくださったすべてのものを神様から受けるように心の容量を広くしなさい、という意味です。このように聖霊に働いていただく場所を備え、あなたの心に、また生涯に、聖霊が熱望するよう祝福してくださる余地を与えることです。

日本の山間にある村々には、たくさんの水の流れがありますが、そこから竹の樋（とい）によって、それぞれの家に水が引かれています。竹は内部が空ですが、節（ふし）がところどころにあって、直通の管にはなっていません。これを管とするためには、節を抜かなければなりません。それには長い鉄の棒を用います。そのようにして造られた竹の管をつなぎ合わせて、遠い所まで水を運びます。

もし神様の恵みが私たちの心に来るようにしたいのならば、様々な妨害となるものを排除しなければなりません。主イエスは、豊かな水が湧き出る井戸のように、私たちの心に生ける水が流れることを約束してくださいました。これは、私たちが常に新たな恵みと新たな喜びと、新たな力をもつべきであるという意味です。

一七節で預言者は、「風を見ず、大雨を見なくても、この涸れた谷には水があふれる。あなたがたも、あなたがたの家畜も、動物もこれを飲む」と語っています。水は静かな普通の流れ方ではありません。神様ご自身から来るように、不思議な注がれ方をします。このように聖霊は、この方を求める者の心に来られます。ある人には大きな感動と感情を伴って来ますが、普通は静かに来て、ご自身を受けた人は、魂に満足を得、愛で満たされ、そのことによって聖霊が来たことを知ります。

二〇節に、神様のお約束が果たされたことを読みます。「朝になって、ささげ物を献げるころ、なんと、水がエドムの方から流れて来て、この地は水で満たされた」とあります。二百四十キロ離れたエルサレムの神殿で、朝のささげ物が献げられるとき、犠牲の応答として彼らにたくさんの水が与えられたということです。それは、キリストがご自身を十字架の祭壇の上で、私たちの罪のためにいけにえとして献げられたゆえに、私たちは聖霊を受けるということを示しています（ガラテヤ三・一三〜一四）。十字架とペンテコステの間に緊密な関係があります。神の子羊が私たちの罪を取り去ってくださったゆえに、私たちは聖霊を受けることができるのです。

私が皆さんに願うことは、①自分自身の必要を知ること、②神様の御言葉とお約束を求めること、③神様に従い、そして悔い改めるよう、自らの心を探ってみること、④自分自身の心の容量を広げること、です。

そのようにするときに、感情に流されることなく、単純な信仰をもって聖霊の満たしを受けることができるのです。

（『霊泉』七四、七五号、一九三九年〔昭和十四年〕六月、七月）

解説

二〇一五年十一月に開始された『バックストン著作集』の配本は、全十巻に本別巻を加えて全配本が終結することになる。全十巻の内容は「説教」Ⅰ～Ⅳ、「聖書講解」Ⅰ～Ⅵとなっているから、本別巻は「説教」Ⅴということになる。本巻の内容は、『かすかな細い御声』と『福音』誌および『霊泉』誌に所収されたものである。

かすかな細い御声

『かすかな細い御声』は、このたびのシリーズ刊行中、関西聖書神学校の図書館で著作集編集委員の一人である鎌野直人校長が発見、日本においては未出版のものであることがわかった。長らく図書館に眠っていた、まさに「大いなる宝もの」と言えるであろう。本著作集への報い、あるいは主からの最高のプレゼントと思われてならない。

本のタイトルは、シリーズ名と思われる *The People's Pulpit* の中の *The Still*

Small Voice となっており、発行はロンドンの ARTHUR H. STOCKWELL 社、発行年は一九三〇年（昭和五年）となっている。本文中にある「スウォニック聖会の信条をお聞きください」（九八頁）、「この一両日、神様は私たちの心を探り、私たちの霊に光を当て、私たちの日常にも光を当ててくださいます」（一二二〜一二三頁）の文言からすると、日本伝道隊のスウォニック聖会における説教と思われる。

堀内文一の紀行文「イギリスへの恩恵の旅」によれば、「スウォニックは、ロンドンの北約一一〇マイル、ダービー州にあり、土地高燥、空気新鮮。遠く俗塵を離れた山水愁眉の地」である（『聖霊の大河』バックストン聖会文書部、一九八二年、三二頁）。筆者も一九八〇年六月、リーグ・オブ・プレヤー（祈禱同盟）主催、日本伝道隊共催のスウォニック聖会に参加したことを思い起こす。ここに、古くから聖会、研修会などに用いられてきたカンファレンス・センターがある。周囲を見渡せば、広々とした緑の丘に、牧場や畑がうねうねと続いている。古い石造りの本館は重々しく貫禄があり、聖会の主要会場となる講堂風の建物や趣のあるチャペルは独立していて、雨よけのついた廊下や散策道がこれらをつないでいる。かつて日本伝道隊は毎年六月、年会聖会をここで催し、バックストン、ウィルクス、ソーントン、ポロックらが講壇を分かち合った。

『かすかな細い御声』は、スウォニック聖会での説教ではないかと言ったが、バックストンが書き下ろした説教である。文体も流れるように美しく深遠である。全説教に、人のわざをはるかに超えた主の先行的恩寵があふれている。主格は、潔められた我よりも潔めたもう神である。一人の御使いが、エリヤに触れ、パン菓子と水と睡眠とをもって彼を元気づけたのは、彼をして神の視点で物が見える場所に立たせ、神と出会い、「かすかな細い御声」を聞かせることにあった。同様に真のホーリネスが指向するものとは、魂が一切の汚れから潔められ、聖霊に満たされるところから、親密な神との交わりへ導かれ、「かすかな細い御声」を聴く恵みにあずかることなのである。バックストンの問いかけが、今も私たちの耳に聞こえてくる。

「もしや、皆さんの中で、御使いによって触れられることを、神様のかすかな細い御声と取り違えている方はいないでしょうか。私たちは御使いによって触れていただきました。しかし神様は私たちをそこで安心させません。ホレブの山の上まで行けるように私たちを力づけ、神様ご自身と会い、ご自分の御声を聞いてほしいと願っておられるのです。どうかこの水準以下で私たちが腰を下ろしたりしないようにしましょう」(一四頁)。

だから聖会の目的とは、潔めの恵みにあずかることはもとより、「私たちは神の民と会うためにここに来たのではありません。主にお会いするためにここへ来たのです」（一七頁）、「神様とお会いする、これがこの集会の目的です」（一一四頁）とあるように、神と出会い、神と交わり、その神から「かすかな細い御声」を聴くことにあると言えよう。

「主と永遠の契りを結んで」の説教の中で、バックストンは花婿なる主と花嫁なる私たちの間に立って結婚式の司式をする。「この夕べ、私は畏れをもって、主イエスを仰ぎ、お尋ねします。『主イエスよ、あなたはこの者と契りを結ばれますか……』」（三〇頁）のくだりはあまりにも深遠、豊潤、光輝、光栄で感動的である。「そうです。主の『わたしはめとります』と、あなたの『私はお迎えします』。そして、あなたの誓約と主の誓約が一つとなります。こうしてあなたは主のものとなり、主もあなたのものとなります」（同頁）。

永遠の愛で愛され
恵みに導かれて　さらに愛を知る
御霊よ　上から吹きかけられる息よ
あなたは私に　そうだ　と教えてくださいました

おお　そのとおりです
なんと満ち満ちた完全な平安でしょう！
おお　そのとおりです
神のすべてがもたらされるなんて！
途絶えることなき愛に結ばれて
私は主のもの　主は私のもの　（三二頁）

バックストンの霊筆が訳者の筆致で香り高く訳され、黙読するうちに思わず静かに音読し、本説教から「かすかな細い御声」を聴かんとの衝動に駆られる。けだしバックストンの白眉の説教と言えよう。

『かすかな細い御声』を訳した飯塚俊雄牧師は、次のように感想を述べている。

「神が、私たちの救いのために払われた至高の代価であるキリストを深く仰ぐとき、バックストンの心は霊に燃え、知に燃え、私たちが決して標準以下のキリスト者のあり方で満足しないように訴えてやまないのです。彼は祈り、信仰のあるべき標準を明確に掲げ、その道筋を示して、『友よ、これで行きなさい』と訴えます。そればかりか、それは、彼自身が聖霊に満たされ、主の臨在の御前での生涯を貫いてきたことの証しなのです。実に、彼の生涯と奉仕が実り豊かで永続している秘訣を私たちはここに見ます。

この事実は、彼が人間として通らねばならなかった過酷な人生の涙の谷にも、少しもぶれることはありませんでした。（彼は過ぐる大戦で、三人の令息をはじめ、ご令孫、甥御など将来性のある貴重な人材が戦陣に倒れる悲しみを味わっています。）

彼の説教はいかなる時にも、主の聖徒として、揺るぎない歩みを全うした人の霊的な、具体的な手引きであるだけに説得力があります。『やって見せ、言って聞かせて、させてみて、ほめてやらねば』式の手堅い指導法をここに見せられ、私たちの霊性は光にさらされ、潔めへの渇きを与えられます。

三十歳にして来日、『日本に勝つ唯一の能力は聖霊である』と悟り、『聖霊が与えられる喜悦なくしては、回心者は、又、後戻りしてしまう』、『日本に要するものは、多数の教役者ではない、少数の聖霊に満たされた者たちである』と『信仰の報酬』にあるように、彼は、直ちに宣教師たちの再教育と日本人教役者の霊的訓練に着目、それを生涯の使命としたこと、また彼が始めた聖会運動こそ、日本のキリスト教界に残した最大の遺産ではないでしょうか。なぜなら、心の聖潔と聖霊によるバプテスマ、主の臨在信仰と豊かな神との交わりこそ、宣教の力であり、日本の霊界が絶えず追い求め、切り開いていかねばならない分野だからです。これをなおざりにするなら、教勢は衰微するしかありません。
自我の磔殺に基づくキリストの内住、栄光の望なるお方が『私のうちに生きておられる』（コロサイ一・二七、ガラテヤ二・二〇）福音の奥義！　日本におけるきよめ運動の父バックストン！　思えば、彼の信仰と生涯がどれほど日本の教会を豊かにし、信徒たちを養い励まし、宣教のみわざを進めてきたことでしょうか。本書を訳筆しつつ、思わず筆を止め、幾たびも思わされたことです。」

『福音』誌より

『福音』誌よりは「聖書的きよめ」と「自分を変えていただきなさい」が本別巻に収録されることになった。「聖書的きよめ」は、英国の日本伝道隊が発行している多くの小冊子の中の一つであって、バックストンの聖化論の骨子と言えよう。聖化の神学からすれば、基本的にはウェスレーの言うホーリネスであり、ウェスレーの愛弟子フレッチャーの聖霊のバプテスマ論を思わせられる。しかし、バックストンはそうした神学的要素には全く触れず、あくまでも聖書的ホーリネス（Scriptural Holiness）として、聖書に立脚して述べている。

きよめは「新生の後に受ける恵みです」として、「新生していない人は救いを受けられますが、聖霊を受けることはできません」(一四六頁)を読むとき、はっと思わせられる読者もいるであろう。ところが同じ使信を『信仰の報酬』の「与えられたメッセージ」で見ると、肯定から肯定の文章でつないでいる。それによると、「世に属く人々はキリストを受け入れる事が出来ます。かくて御霊によって生まれて、初めて彼らは内に住ましめるために聖霊御自身を受けることが出来ます」(二〇三頁)となっている。御霊の働きなくしてキリストを受け入れ、新たに生まれることはできないが、全き聖化は、その御霊を主として王としてわが内に住ましめることなのである。

「自分を変えていただきなさい」は、一九三四年(昭和九年)六月、叙上、英国スウォニックにおける日本伝道隊聖会でなされたものである。これが『福音』誌に翻訳掲載されたが、同誌主筆の小島伊助は「あとがき」で次のように記している。

「誌上説教に三回にわたって、バックストン先生のものが出ました。これは宝ものです。訳者注にもあるように、先生が故国の同労者の前に重荷を注ぎだしている、尊いです。この四年後には日本でただ一度、この題で語ってくださいましたが、外側の生活状態をローマ書十二章にわたって、こんなに詳しく言われるのを聞いたことがありません。さすがに同国人には重荷が違うと読みながら感じました。日本では主として恵みの中身を語られ、外側は言わないでも先生のお姿がお手本だったでしょう。」

小島が言及しているように、バックストンが一九三七年（昭和十二年）六月に来日し、半年に及ぶ奉仕期間中、明石イエス・キリスト教会（現・日本イエス・キリスト教団明石人丸教会）でただ一度、「山頂の栄光と山麓の悲惨」と題して変貌の恵みについて説教している。そのときは、「変貌されよ」を主題的に取り扱い、メタモルフェーという「変貌」の恵みが、「祈りによって」（ルカ九・二九）、「みことばによって」（Ⅱコリント三・一五〜一八）、「献身によって」（ローマ一二・一〜二）、日々継続されることを語っている（『小島伊助全集』7「回顧」二八六〜二八七頁）。

スウォニックにおける本説教では、ローマ人への手紙一二章を講解的に取り扱い、変貌の御業、変貌された生涯とはどのようなものかをテキストにしたがって発展させ、変貌された生涯に入るためにはいかにすべきか、の最後の要点で前述の聖句が言及されている（一三四〜一三八頁）。小島が「宝もの」と言った本説教が、別巻作業締め切りギリギリのところで割り込むことができたことにも主のご配剤を思わずにはいられない。

『霊泉』誌より

『霊泉』誌よりの説教は、一九三七年（昭和十二年）、最後の来日時の説教である。すでにこの時期の説教は、本著作集では、第2巻「説教Ⅱ」や第4巻「説教Ⅳ」に収録されている。それを補うものとして、このたび『霊泉』誌からリライトして本巻に収められた。その意味で補遺的な別巻の役割は果たされたことになる。ちなみに月刊『霊泉』誌は活水の群の西條彌一郎の編集によるものであるが、バックストン最後の来日時の情報を今に伝えてくれる貴重な資料である。

前述のように、本著作集第2巻『雪のように白く』では、「雪のように白く」、「心熱いクリスチャン」、「神の火」、「主は私の羊飼い」、同巻『砂漠の大河』では、「聖霊の傾注」、「聖潔の確証」、「燃え尽きない柴」、「砂漠の大河」、同じく同巻『キリストの形なるまで』では「聖潔の油注ぎ」、「エレミヤのペンテコステ」、「キリストの形なるまで」、「神の川」が収録されている。『恩寵の成長』では「潔めと力」、「陶器師」、「聖霊の賜物」、「恩寵の成長」、「魂の全き癒し」、「キリスト者としての歩み」が収録されている。

これらを補うように、「活水の群」関係の機関誌からバックストン最後の来日時の説教が本著作集に収録されることになった。それらの説教には日時と場所が明記されており、この時期のバックストンの足跡を追跡するのに役立っている。著作集第2巻では『活水』誌より十二の説教が収録されている。いずれも小島伊助通訳、奥田幸三筆記、藤村勇編纂によるものである。そこに本巻では『霊泉』誌より十二の説教が収録されることになった。先の『雪のように白く』、『砂漠の大河』、『キリストの形なるまで』、『恩寵の成長』に収録されている十八の説教を合わせると、バックストン最後の来日時の説教をほぼ網羅したことになる。

小島伊助の「バックストン師にお伴して」(『小島伊助全集』7「回顧」、二七一～二九二頁)の記録から約半年に及ぶ日本での奉仕の足跡が浮かび上がってくる。湊川伝道館歓迎会、塩屋聖会、日本伝道隊年会(有馬)、神戸ユニオンチャーチ、大阪救世主教会、山陰聖公会、日本伝道隊奈良県下聖会、塩屋聖書学舎、復興教会(神戸布引)、神戸聖公会(通訳なし)、大阪府下諸聖会、松本・活水の群夏期連合聖会、軽井沢宣教師聖会、御殿場宣教師聖会、有馬修養会、明石人丸教会、岡山県下イエス・キリスト召団、九州福岡、二日市聖会、大阪フリーメソジスト教会(日本橋)、湊川伝道館、京都聖会(同志社講堂)、神戸聖会(メソジスト)、東京特別聖会(霊南坂)、目黒・雅叙園、アンデレ教会、落合伝道館、病中の中田重治宅訪問、渋谷教会、淀橋教会等々である。小島は、「昭和十二年(一九三七年)五月三十日、最後の来朝に神戸に入港上陸され、六月一日、新開地の伝道館で歓迎会が開かれ、ついで三日夕からの塩屋聖会を皮切りに十一月三日、神戸港から帰英の途につかれるまでのバックストン先生の日程は相当ヘビーなものであった」（同書、一三三頁）と記しているが、それはバックストン招聘三団体である日本伝道隊、日本聖公会、活水の群を軸に、日本のホーリネス陣営が総動員しての霊の饗宴の日月であった。

本巻に収められた『霊泉』誌よりの十二の説教は前述のように西條彌一郎の編集によるものであるが、筆記者に田村義保、小野沢清円、末永弘海の名前を認めることができる。この『霊泉』誌よりの十二の説教と先の『活水』誌よりの十二の説教（第2巻収録）を合わせ、前述の足跡と照合しつつ時系列にしてみると、次のようになるであろう。

一、「心を新たに」［六月一日、新開地伝道館］
二、「驚くべき約束」［六月十八日、大阪救世主教会、藤本寿作通訳］
三、「信仰のリバイバル」［六月、山陰聖会・日本聖公会米子聖ニコラス教会、永野武二郎通訳］
四、「聖霊の宮」［六月、山陰聖会・日本聖公会米子聖ニコラス教会、永野武二郎通訳］
五、「潔い心と聖霊」［七月四日、奈良、八木町、天幕修養会］

六、「あなたは聖霊を受けたか」［七月五日、奈良、八木町、天幕修養会］
七、「イザヤの聖霊体験」［七月六日、奈良、八木町、天幕修養会］
八、「二つの恵み」［七月十二日、大阪河内聖会・ホーア師宅］
九、「新しいみわざ」［七月十三日、大阪河内聖会・ホーア師宅］
十、「神の安息」［七月十四日、大阪河内聖会・ホーア師宅］
十一、「岩に命ぜよ」［七月二十二日、松本夏期連合聖会］
十二、「聖潔と聖霊」［七月二十三日、松本夏期連合聖会］
十三、「イザヤの潔め」［七月二十四日、松本夏期連合聖会］
十四、「エリヤの祈り」［七月二十五日、松本夏期連合聖会、礼拝説教］
十五、「わたしにとどまりなさい」［七月二十五日、松本夏期連合聖会］
十六、「輝きに満ちた関係」［九月十七日、九州アルパ教会婦人会］
十七、「ヤコブの格闘」［九月二十日、九州二日市、日本聖公会九州修養会、武蔵温泉、森俊治通訳］
十八、「神の火の接触」［九月二十一日、九州二日市、日本聖公会九州修養会、武蔵温泉、森俊治通訳］
十九、「一致」［十月十二日、有馬修養会］

二十、「聖霊の注ぎ」［十月二十一日、東京特別聖会、霊南坂教会］
二十一、「聖霊の賜物」［十月二十二日、東京特別聖会、霊南坂教会］
二十二、「聖霊によるバプテスマ」［十月二十三日、東京特別聖会、霊南坂教会］
二十三、「燃え続く聖霊」［十月二十四日、東京特別聖会、霊南坂教会］
二十四、「あまたの溝を設けよ」

本巻に収録された説教をさかのぼると、まず「心を新たに」は、湊川伝道館における来日歓迎会でのもので、「神様が過去においてお用いになったメッセージは十字架と聖霊です」（二五二頁）から始まる皮切りのメッセージである。通訳者の小島伊助の筆によると、そのときの感動が次のように記されている。

「六月一日夜、新開地の伝道館で歓迎会が開かれた。満堂である。六尺豊かに、白髪を冠のごとくいただいた『柔和なる王者！』温かい、喜色満面のご挨拶の後、『神の福音は主イエスの御血潮とペンテコステの御霊であります』を皮切りにメッセージは取り次がれた。全く、ほっとした一瞬であった。二、三年前までは何もかも『古い、古い』でかたづけられてしまっていた、全く気違いざたであった福音。とんでもない行き過ぎから、がったり、火の消えたようになってしまっていたわが国の霊界に、明治二十三年（一八九〇年）というころに、最初に血と火の福音をもたらした使者は、半世紀ぶりに、いくど目か、またも帰り来たって永遠不変の古い古い福音を投げ込みくださったのである」（『小島伊助全集』7「回顧」、一三二頁）。

さらに、そのときの説教の切り口を次のように紹介している。

「私は四十年余前、日本に参ります途中、ナイヤガラの滝を見ましたが、その水勢は少しも変わりません。ペンテコステ以来、聖霊は今も少しも変わりません。聖霊の大河は今も堂々洋々と流れています。悪魔は今はもう流れていないと言います。ヒー・イズ・ア・ライアー！（彼はうそつきです。）流れていてもチョロチョロであると言います。ヒー・イズ・ア・ライアー！」（同書、一三二頁）。

この血と火のメッセージは以後数か月、日本を縦断した。本巻のメッセージもこれに尽きると言えるであろう。

「信仰のリバイバル」、「聖霊の宮」は、米子聖公会における山陰聖会での説教である。エゼキエル書三七章からの「信仰のリバイバル」のメッセージは、若き日の「赤山講話」の「枯骨の谷」の説教を一層熟成したメッセージである。通訳は永野武二郎が満州伝道の最中、一時帰国してあたっている（同書、二七一頁）。半世紀前、初期の松江伝道においてバックストンの傍らに通訳者として青年永野が立っていたことを思えば、感激はひとしおであったであろう。

「聖潔と聖霊」、「イザヤの潔め」、「わたしにとどまりなさい」は活水の群松本夏期連合聖会のメッセージである。これに本著作集第2巻の「岩に命ぜよ」、「エリヤの祈り」を加えると松本連合聖会の全説教が揃うことになる。

小島の筆によればバックストン招聘の三団体の一つである活水の群の聖会に対する力の入れようは並大抵ではなかった（同書、二七五～二七六頁）。全国三十か所から教役者全部を招集しての連合聖会は、七月二十一日から二十五日まで五日間であった。相当に広い伝道館を七百人収容にまで増築し、講師専用の居間をしつらえるなど準備万端、祈りに祈って聖会に備えた。松本駅での出迎えは二百人余、「神の子どもよ叫べよ歌え」の讃美をもって列車を迎え、血気盛んな若い教役者や修養生は歓呼の声を上げ、講師の車の前を走り、会場に向かったという。周囲は驚異の目を見張ったことであろう。「エリヤの祈り」からの「火をもて答える神」や「大雨ありき」（『バックストン著作集』第2巻、三四〇頁）は今に伝えられるメッセージである。本巻では、エゼキエル書三六章から「聖潔と聖霊」（一七四頁以下）、イザヤ書六章から青年「イザヤの潔め」（一八六頁以下）、最後に証し会の後じっくりと「恩恵を保つ道」としてヨハネ福音書一五章から「わたしにとどまりなさい」（一九八頁以下）が語られている。

本巻収録の「聖霊の注ぎ」、「聖霊の賜物」、「聖霊のバプテスマ」、「燃え続く聖霊」の聖霊シリーズのメッセージは霊南坂教会を会場に行われた東京特別聖会の説教である。会衆は第一夜から千を突破し、ついには講壇をぐるりと幾重にも取り囲んで座するほどにまで満ちあふれた。小島は言葉を失うようにして、「集会の輝き、みことばの権威と能力と自由、恩寵の氾濫の豊満さなどにいたっては、ただそこにいた者のみがわかるであろう」としか筆を進めていない（同書、二九〇頁）。

ちなみに霊南坂教会での聖会終了翌日、目黒の雅叙園で謝恩会が催された。小島が挙げている出席者の名前を見ると、三谷夫妻・嬢、竹田父子、御牧父子、藤村父子、由木母子など、第一世代に加えて第二世代が揃っているところは、この会の時間的意義を物語っている。さらに田中、宮村、太田、小林、山口、米田、秋山ら各夫妻、小島、斧山、鋤柄、藤久、多辻、野畑、土肥、ブレスウェイト、高木、青木、笹尾夫人、後藤夫人、柘植夫人らを見ると、その範囲の広さを物語っている（同書、二九〇頁）。その後バックストンは病中の中田を訪問し、旧交を温めている。なお、ここには西の河邊、堀内、澤村、佐藤らは出席していない。

『赤山講話』から『かすかな細い御声』まで

前述のように『バックストン著作集』は全十巻に加えて本別巻をもってすべての配本を終了する。第1巻『赤山講話』から開始されて、別巻『かすかな細い御声』まで四年半に及ぶ配本であった。それはまたバックストン三十代の若き日のメッセージから始まり、七十代の晩年のメッセージをもって終結したことを物語っている。一九三七年（昭和十二年）、最後の来日時、開口一番、「神の福音は主イエスの御血潮とペンテコステの御霊であります」と語った「古い福音」は常に「新しい歌」として彼の生涯を貫いて披瀝されてきた。

今ここにあらためて別巻の作業を閉じるにあたって思わされることは、晩年になればなるほど、そのメッセージは深められ、豊潤さと光輝さが増し加わっていることである。神の先行的な恩寵の豊かさ、圧倒する血潮と聖霊の恵み、深みゆく神との交わりは、本別巻のメッセージに顕著に現れている。このあたりの心境を小島はこのような文章で表している。

「私どもの学んだバックストンは五十代であった。最後ご来朝の師は七十代である。しかし、『赤山講話』のバックストンは三十代である。今から読んでおかしいなと思われる筆記文章の中にも、それがはつらつとしている。鋭さ、迫り、探り等々に若さと精気があふれている。かと思えば恵みに満たされたか、有頂天になって、飛び上がりでもするかと思われる語調、ハレルヤ、ハレルヤと、ハレルヤを連呼してやまないそれが読み取れる。重ねて言う、『赤山講話』にはすでに円熟、聖成を見せるバックストンにもその若さがあふれているのを感じる」（同書、一三四頁）。

『バックストン著作集』に別巻が加えられた。これは単なる補遺ではない。著作集の華であり、栄え輝く終結である。最後にしていつまでも続く、ザ・ラスト・アンド・ラスティング・メッセージである。読者が本書を読み終え、そのページを閉じるとき、かすかな細い御声がいつまでも語り続けることであろう。

『バックストン著作集』編集委員長　工藤弘雄

バックストン著作集　別巻
かすかな細い御声

2020年7月15日発行

著 者　B・F・バックストン
印 刷　シナノ印刷株式会社
発 行　いのちのことば社
〒164-0001 東京都中野区中野2-1-5
TEL03-5341-6920／FAX03-5341-6921
e-mail:support@wlpm.or.jp
http://www.wlpm.or.jp

ISBN978-4-264-04170-2

「バックストン著作集」全10巻＋別巻の内容

1　説教Ⅰ　赤山講話

2　説教Ⅱ　雪のように白く／砂漠の大河／キリストの形なるまで／『活水』誌より

3　説教Ⅲ　神と共なる歩み／潔められた者の歩み／約束の地／キリスト者の家庭(クリスチャン・ホーム)／リバイバルの条件／能力の秘訣ほか

4　説教Ⅳ　恩寵の成長／ケズィック説教ほか

5　聖書講解Ⅰ　創造と堕落――創世記霊的講解／ルツ記霊的講解／雅歌霊的講解／ヨナ書霊的講解

6　聖書講解Ⅱ　神の奥義なるキリスト／詩篇の霊的思想／マタイ福音書研究ノートほか

7　聖書講解Ⅲ　ヨハネ福音書講義 上

8　聖書講解Ⅳ　ヨハネ福音書講義 下

9　聖書講解Ⅴ　使徒行伝講義 上

10　聖書講解Ⅵ　使徒行伝講義 下

別巻　かすかな細い御声／『福音』誌より／『霊泉』誌より